診療所・歯科医院のための
個人版
事業承継税制
適用ガイド

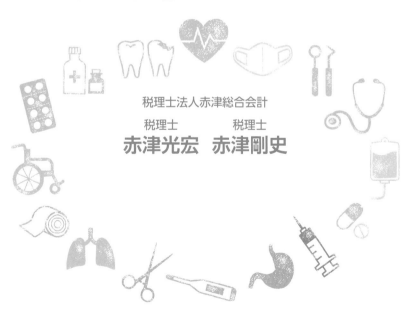

税理士法人赤津総合会計

税理士　　　　　税理士
赤津光宏　赤津剛史

清文社

はしがき

　平成31年度（令和元年度）税制改正において「個人の事業用資産についての贈与税・相続税の納税猶予・免除制度（個人版事業承継税制)」が創設されました。

　個人版事業承継税制の活用に際しては、各省庁から下記の解説資料が公表されています。
- 国税庁「個人の事業用資産についての贈与税・相続税の納税猶予・免除（個人版事業承継税制）のあらまし」
- 財務省「租税特別措置法等（相続税・贈与税関係）の改正」
- 中小企業庁「−経営承継円滑化法−【個人版事業承継税制の前提となる経営承継円滑化法の認定申請マニュアル】」

それぞれの資料において本制度について分かりやすく解説がなされているものの、個人版事業承継税制は根拠法令が「相続税法及び租税特別措置法」と「中小企業における経営の承継の円滑化に関する法律」にまたがるため、実際に個人版事業承継税制に携わる実務家はこれら複数の法令や解説資料を読み込む必要があります。

　医師・歯科医師の事業承継については、事業承継に伴う税負担が生じるような事業規模である場合、事業運営の安定化や税務メリットを考慮して既に医療法人化されていることが多く、今回創設された個人版事業承継税制を活用する場面はそれほど多くないかもしれません。

　しかし、その一方で
- 毎事業年度ごとの都道府県への事業報告書の提出（公表）に抵抗がある。
- 役員報酬に関する税法上の制約（「定期同額給与」や「不相当に高額な役員

給与の損金不算入」）など）に縛られることなく、稼得した所得を自由に使いたいというニーズ

などの理由から、相当の所得金額を計上しながら医療法人化を選択しない医師・歯科医師が存在することも事実であり、個人事業の医科・歯科医師における本制度の利用ニーズも少なからず存在するものと考えます。

そこで、個人事業の医師・歯科医師を対象に、個人版事業承継税制に関わる根拠法令や資料を1冊にまとめた実務上の手引書を作成することを目的として、本書を刊行する運びとなりました。

また、本書の第V章において、個人版事業承継税制を適用するにあたり考えられる実務上の検討課題や、個人版事業承継税制の活用をさらに促進するための税制改正に関する提言についても検討しています。

平成30年度税制改正により創設された法人版事業承継税制の特例措置により、改正初年度である平成30年分の法人版事業承継税制特例措置による贈与税納税猶予額は約400億円となり、平成29年の旧制度利用実績の4倍弱に増えていると日本経済新聞が報じています（令和元年7月5日朝刊）。個人版事業承継税制についてもその活用が期待されるところであり、平成31年度の税制改正大綱では、個人版事業承継税制の創設趣旨が次のように述べられています。

平成30年度税制改正における法人の事業承継税制に続き、個人事業者についても、高齢化が急速に進展する中で、円滑な世代交代を通じた事業の持続的な発展の確保が喫緊の課題となっていることを踏まえ、個人事業者の事業承継を促進するための相続税・贈与税の新たな納税猶予制度を創設する。

個人事業の医師・歯科医師及びその事業承継に携わる実務家にとって本書が一助となり、税制改正大綱にうたわれている「円滑な世代交代を通じた事業の持続的な発展の確保」に僅かなりとも貢献できれば幸甚です。

　最後に本書の執筆にあたりましてご尽力いただきました皆様にこの場を借りて心より感謝申し上げます。

　令和元年12月

税理士法人赤津総合会計

税理士・社会保険労務士　**赤津 光宏**

税理士・医業経営コンサルタント　**赤津 剛史**

CONTENTS

目　次

第IV章 個人版事業承継税制に関する手続き

第Ⅴ章　個人版事業承継税制適用のための検討課題

凡例	
■法令等の略記	
措法	租税特別措置法
措令	租税特別措置法施行令
措規	租税特別措置法施行規則
措通	租税特別措置法関係通達
円滑化法	中小企業における経営の承継の円滑化に関する法律
円滑化法施行規則	中小企業における経営の承継の円滑化に関する法律施行規則
相法	相続税法
通令	国税通則法施行令
■条数の略記	
措法 70 条の6の8②一	租税特別措置法第 70 条の6の8第2項第1号

（注）本書は令和元年 11 月末日現在の法令等によっています。

第 I 章

個人事業クリニックをめぐる
現状

1 個人事業クリニックの数と院長の年齢

事業承継が急務とされる個人事業クリニックについて、その数や院長の年齢といった概要を教えてください。

厚生労働省が公表している統計資料をもとに解説します。

.... 解　説 ....

1 個人事業クリニックの数

　厚生労働省が公表している「医療施設動態調査（毎月末概数）」によると、下記のとおりであり、かなりの数の個人事業クリニックが存在していることが分かります。

		病院	一般診療所	歯科診療所
①	施設数 総数	8,324	102,396	68,488
②	うち個人立の施設数	176	41,069	53,239
	②／①の割合	2.1%	40.1%	77.7%

（出所）厚生労働省「医療施設動態調査（令和元年5月末概数)」

❷ 院長の年齢

　同じく厚生労働省が公表している「医師・歯科医師・薬剤師調査」の、平成28年分データを抜粋したものが次の表です。開設者の平均年齢や年齢の分布からも、事業承継が喫緊の課題であることが読み取れるかと思います。

（注）　下記統計データは、一般診療所又は歯科診療所の開設者及び法人の代表者を集計したものですので、医療法人立診療所の院長も含まれております。

一般診療所開設者又は法人の代表者数

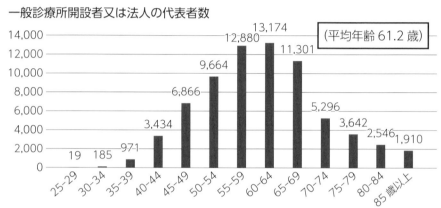

（平均年齢61.2歳）

（出所）厚生労働省「平成28年医師・歯科医師・薬剤師調査」第26表

歯科診療所開設者又は法人の代表者数

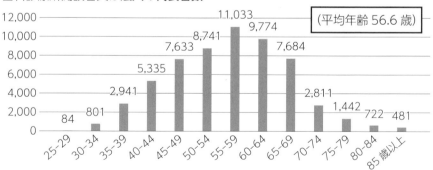

（平均年齢56.6歳）

（出所）厚生労働省「平成28年医師・歯科医師・薬剤師調査」第53表

2 　個人事業クリニックの特徴

個人事業クリニックの事業承継を検討するにあたって、その特徴を教えてください。

医療法人が運営するクリニックと対比しながら、主な特徴を解説します。

┈┈┈┈┈┈┈┈┈┈┈┈┈┈┈ 解　説 ┈┈┈┈┈┈┈┈┈┈┈┈┈┈┈

❶ 税　務

① 　個人事業クリニックの場合、所得税及び市県民税合計で最大55.945％の累進税率が適用されます。

　医療法人の場合、最高税率が40％を超えることはありません。

② 　個人事業クリニックの場合、事業主本人及び事業専従者に退職金を支給することができません。

　医療法人の場合、理事長や理事に退職金を支給することが可能であり、事業承継に伴う代表者変更時に役員退職金を支給することが一般的です。

③ 　個人事業クリニックの場合、生命保険料を必要経費に計上できません。

　医療法人の場合、理事長等を被保険者とする生命保険契約の保険料を損金に計上できるケースがあります。

④ 　個人事業クリニックの場合、必要経費たる交際費についての上限規制はありません。

医療法人の場合、損金算入に関して一定の制限が設けられています。

❷ その他

① 個人事業クリニックの場合、分院展開が認められていません。

医療法人は分院設置が可能です。

② 個人事業クリニックの場合、事業承継の手続きが煩雑です（診療所開設などの手続きや個々の資産の承継手続きを要します）。

医療法人の場合、理事長変更（手続き：医療法人の理事会において選任）、社員としての身分の承継及び出資持分の承継にかかる手続きのみですので、手続き自体は比較的簡便です。

③ 個人事業クリニックの場合、事業主が厚生年金に加入できません。

医療法人の場合、原則、スタッフだけでなく理事長も厚生年金は強制加入です。厚生年金に加入することで、一般的には老後の公的年金受給額を増やすことができますが、一方で「在職老齢年金」と呼ばれる仕組みにより、公的年金を受給できる年齢に達したときに、厚生年金受給額に一定の調整がなされる場合があります。

④ 個人事業クリニックの場合、小規模企業共済への加入が可能です。

医療法人の理事長は、小規模企業共済への加入資格がありません。

⑤ 個人事業クリニックの場合、事業運営にかかる制約や規制が少ないです。

医療法人の場合、都道府県に対する登記事項や決算内容の届出義務が課されているほか、「医療法人運営管理指導要綱（厚生労働省）」において様々な運営上の規制や義務が課されています。

第II章

個人事業クリニックが
事業承継を行う際の問題点

個人事業クリニックが事業承継を行う際の問題点①（手続き）

クリニックを個人事業で経営している場合と医療法人で経営している場合を比較して、事業承継時の手続きの違いを教えてください。

A

個人事業の場合は、クリニックの土地・建物などの財産を個々に承継することになります。一方、医療法人の場合は、クリニックの財産や借入金は医療法人に帰属し、後継者は医療法人の理事長としての「立場」を承継します。

・・・・・・・・・・・・・・・・・・・ 解　説 ・・・・・・・・・・・・・・・・・・・

　医療法人における事業承継では、後継者は通常下記のものを承継することになります。

①　理事長としての立場（手続き：医療法人の理事会において選任）

②　社員としての立場（手続き：医療法人の社員総会において選任）

③　医療法人の出資持分※（手続き：当事者間での贈与契約など）

　　※　出資持分の定めのある医療法人に限ります。

それぞれ株式会社に例えると、次のように整理することができます。

・理 事 長＝代表取締役
・社　　 員＝株主総会における決定権者としての株主
・出資持分＝残余財産の分配を受ける権利としての株式

　出資持分の評価に手間がかかることを除けば、①から③までの手続きはそれほど煩雑なものではありません。

　一方、個人事業では、事業承継に伴い下記のような手続きが想定されます。
①　引き継ぐべき資産・負債の把握・リストアップ
②　承継スタイルの決定（資産を売買する、もしくは前代表者から賃貸）
③　②にかかる税務上適正な売買金額や賃料の算定
　　（本章２で詳述します）
④　（不動産など登記を要する資産を承継する場合）所有権移転登記手続き
⑤　（債務を承継する場合）金融機関など債権者の承諾を得る

　また、行政官庁への届出についても、医療法人であれば代表者（理事長）変更を届け出るだけで済みますが、個人事業の場合、改めて保険医療機関の指定を受けなければならないなど、やはり手続きは煩雑なものとなります。

個人事業クリニックが事業承継を行う際の問題点②（税金面）

個人事業クリニックの事業承継における税金面の
問題点は、どのようなものが想定されますか？

多くの税目が関係してきますが、その中でも特に贈与税・相続税の問題
が一番大きいと言えます。贈与税・相続税の負担が円滑な事業承継を妨
げる一因であるとの指摘を背景に、個人版事業承継税制が創設されまし
た。

・・・・・・・・・・・・・・・・・・・・・・ 解　説 ・・・・・・・・・・・・・・・・・・・・・・

　事業承継に伴い、下記のような税負担や検討すべき問題が生じることが考
えられます。

🔳 登録免許税

　不動産の所有権移転登記時に生じます。税率は、相続による所有権移転に
ついては0.4％、贈与や売買による所有権移転については原則2％（令和3年
3月31日までの土地の売買による所有権移転については1.5％）です。

🔳 不動産取得税

　不動産の取得（贈与・譲渡）時に生じます。税率は原則4％ですが、令和

３年３月31日までに取得した土地及び住宅用家屋については３％とする特例があります。なお、相続による取得の場合、不動産取得税はかかりません。

3 消費税

現経営者が消費税の課税事業者である場合、後継者からの資産売却収入・資産賃料収入に対して消費税の納税が生じます。

4 所得税

後継者からの資産売却収入が当該資産の譲渡時帳簿価額を上回る、あるいは後継者からの資産賃料収入が当該資産の減価償却費など必要経費を上回る場合、現経営者に対して所得税負担が生じます。

5 贈与税

現経営者からクリニックにかかる資産を買い取るだけの資力が後継者にない場合や、3・4の消費税・所得税負担を生じないようにする場合、贈与という選択肢を採ることになりますが、資力の少ない後継者に贈与税負担が生じることになります。

6 相続税

現経営者が突然亡くなってしまった場合などにおいては、贈与ではなく相続によりクリニックの財産を承継することになります。贈与税に比べると相続税の方が税率構造そのものは緩やかでありますが、クリニックの財産だけでなく現経営者の個人的な財産も合算されて相続税が計算されることにより、対策がされていないとやはり相続税額は多額になることが考えられます。

3 個人事業クリニックが事業承継を行う際の問題点③（財産分割）

税金以外の財産分割面ではどのような問題点が想定されますか？

医療法人における事業承継は、金銭的な価値を伴わない理事長・社員という「立場」の承継であることに対して、個人事業における事業承継では金銭的な価値を持つ財産そのものを承継することから、親族間の財産分割トラブルにつながらないよう十分配慮する必要があります。

・・・・・・・・・・・・・・・・・・・ 解　説 ・・・・・・・・・・・・・・・・・・・

　一定の範囲の法定相続人には最低限の遺産取得の権利があり、これを遺留分と言います。この法定相続人は、他の相続人や相続人以外の者が遺言によって財産を取得したことで自身の遺留分が侵害された場合には、侵害された遺留分相当額を請求できる権利（遺留分侵害額の請求権）を有しています。

相続人の遺留分

相続人	遺留分
配偶者と子	配偶者1／4　子全員で1／4
配偶者と親（直系尊属）	配偶者1／3　親（直系尊属）全員で1／6
配偶者と兄弟姉妹	配偶者1／2　兄弟姉妹は遺留分なし

現経営者が事業承継（クリニックの財産を後継者に贈与）後に相続を迎え、相続人が複数いる場合、その生前贈与していたクリニックの財産について下記のような遺留分に関するトラブルが生じる可能性があります。

【例】
・相　　続　　人：妻、長男（後継者）、次男の３人
・遺　産　総　額：２億円（妻１億円、子は5,000万円ずつ相続）
・長男に生前贈与したクリニックの財産：４億円
・次男の遺留分：7,500万円
　　　　　　　　　（遺産２億円＋生前贈与４億円※）×１／４×１／２
・次男の遺留分侵害額：7,500万円－5,000万円＝2,500万円
　⇒この場合、遺産分割による遺留分侵害を不服とする次男が長男に対して遺留分侵害額として2,500万円の金銭による支払いを請求する可能性があります。

　※下記の民法の規定により、生前贈与額が遺留分算定対象財産に含まれます（下線筆者）。
　（遺留分を算定するための財産の価額）
　第1043条　遺留分を算定するための財産の価額は、被相続人が相続開始の時において有した財産の価額にその贈与した財産の価額を加えた額から債務の全額を控除した額とする。

　なお、民法相続編の改正により、令和元年７月１日以降に開始する相続については下記の改正後民法第1044条が適用され、遺留分の侵害を知って行った贈与を除き、相続人に対する贈与については、相続開始前10年以内にされたものに限って遺留分算定対象財産に含まれることになります。

第1044条　贈与は、相続開始前の一年間にしたものに限り、前条の規定によりその価額を算入する。当事者双方が遺留分権利者に損害を加えることを知って贈与をしたときは、一年前の日より前にしたものについても、同様とする。

2　（略）

3　相続人に対する贈与についての第一項の規定の適用については、同項中「一年」とあるのは「十年」と、「価額」とあるのは「価額（婚姻若しくは養子縁組のため又は生計の資本として受けた贈与の価額に限る。）」とする。

第Ⅲ章

個人版事業承継税制の
あらまし

1 個人版事業承継税制の概要

個人版事業承継税制とはどのような制度なので
しょうか？

個人事業を行っていた事業者（先代事業者）の後継者として一定の認定
を受けた者が、贈与又は相続等により、一定の事業用資産を取得した場
合に、一定の要件をもとに、その資産に対する贈与税・相続税の全額の
納税が猶予される制度です。また、猶予された贈与税・相続税は、先代
事業者や後継者の死亡等の一定の事由により納税が免除されます。

・・・・・・・・・・・・・・・・・・・・・・ 解　説 ・・・・・・・・・・・・・・・・・・・・・・

　個人版事業承継税制（個人の事業用資産についての贈与税・相続税の納税猶予・
免除制度）の適用を受けるための要件は次のとおりです。

1 対象となる先代事業者の事業の要件

　対象となる先代事業者の事業は、65万円の特別控除の適用を受ける青色申
告（正規の簿記の原則によるものに限ります）に係る事業に限られます。
　また不動産貸付業、駐車場業及び自転車駐車場業の資産は対象となりません。

2 後継者の要件

　後継者は、平成31年４月１日から令和６年３月31日までに「個人事業承継計画」を都道府県知事に提出し、確認を受ける必要があります。

3 承継する事業の要件

　贈与又は相続される資産に係る事業が資産管理事業及び性風俗関連特殊営業に該当しないことが要件となります。

　資産管理事業とは、資産保有型事業（第Ⅲ章 概要編 ４参照）や資産運用型事業（第Ⅲ章 概要編 ５参照）をいいます。

　その他贈与についての要件は、第Ⅲ章 贈与編 ６・７を参照し、相続についての要件は、第Ⅲ章 相続編 17・18を参照してください。

2 適用期限

個人版事業承継税制の適用期限はいつまででしょうか？

A

個人版事業承継税制は、平成31年1月1日から令和10年12月31日までの贈与又は相続等について適用があります。

━━━━━━━━━━━━━ 解　説 ━━━━━━━━━━━━━

　個人版事業承継税制は、平成31年1月1日から令和10年12月31日までの贈与又は相続等について適用があります。

　また、先代事業者の生計一親族からの贈与・相続等についても適用がありますが、これについては上記の期間、かつ、先代事業者からの贈与・相続等の日から1年を経過する日までにされたものに限られます。

　さらに、個人版事業承継税制の適用を受けるためには、後継者が平成31年1月1日から令和6年3月31日までに個人事業承継計画を都道府県知事に提出し、確認を受けなければなりません。

3 ▶ 対象財産

個人版事業承継税制の対象となる財産を教えてく
ださい。

A

対象となる特定事業用資産は先代事業者（贈与者・被相続人）の事業の用
に供されていた一定の「宅地等」「建物」「減価償却資産」です。

∙∙∙∙∙∙∙∙∙∙∙∙∙∙∙∙∙∙∙∙∙∙∙∙∙∙∙∙∙∙ 解　説 ∙∙∙∙∙∙∙∙∙∙∙∙∙∙∙∙∙∙∙∙∙∙∙∙∙∙∙∙

　個人版事業承継税制の対象となる財産を「特定事業用資産」といいます。
特定事業用資産は、贈与又は相続等の日の属する年の前年分の事業所得に係
る青色申告書の貸借対照表に計上されていた、次の①②③が該当します。

① 　建物又は構築物の敷地の用に供されていた宅地等（土地又は土地の上に
　　存する権利）のうち棚卸資産に該当しないもので400m²までの部分
　　…ただし、次の建物又は構築物の敷地の用に供されていた宅地等は該当
　　しません。
　　⑴ 　温室その他の建物で、その敷地が耕作（農地法第43条第1項の規定
　　　　により耕作に該当するものとみなされる農作物の栽培を含む。⑵において
　　　　同じ）の用に供されるもの
　　⑵ 　暗渠その他の構築物で、その敷地が耕作の用又は耕作若しくは養

畜のための採草若しくは家畜の放牧の用に供されるもの

②　先代事業者の事業の用に供されていた床面積800m²までの建物のうち棚卸資産に該当しない建物

③　②以外の減価償却資産で次のもの
・固定資産税の課税対象とされているもの
・所得税法施行令第６条８号に定める特許権等の無形固定資産
・所得税法施行令第６条９号に定める乳牛、果樹等の生物
・自動車税・軽自動車税の営業用の標準税率が適用されるもの
・自動車登録規則別表第二の自動車の範囲欄の１、２、４及び６に掲げるもの
　…具体的には次の自動車が該当します。
　　　1.　貨物の運送の用に供する普通自動車
　　　2.　人の運送の用に供する乗車定員11人以上の普通自動車
　　　3.　貨物の運送の用に供する小型自動車
　　　4.　散水自動車、広告宣伝用自動車、霊きゅう自動車その他特殊の用途に供する普通自動車及び小型自動車
・道路運送車両法施行規則別表第二の四の自動車の用途による区分欄の１及び３に掲げるもの
　…具体的には次の自動車が該当します。
　　　1.　貨物の運送の用に供する自動車
　　　2.　散水自動車、広告宣伝用自動車、霊きゅう自動車その他特殊の用途に供する自動車
・地方税法第442条第４号に規定する原動機付自転車、同条第５号に規定する軽自動車（二輪のものに限る）及び同条第６号に規定する小型特殊自動車（四輪以上のもののうち、乗用のもの及び営業用の

標準税率が適用される貨物用のものを除く）

(注)　人の運送の用に供する自動車のうち営業用車両以外のものは該当しない

ことに注意が必要です。

　また、先代事業者が、配偶者の所有する土地の上に建物を建て、事業を行っている場合における土地など、先代事業者と生計を一にする親族が所有する上記①から③までの資産も、特定事業用資産に該当します。

● 後継者が複数のときの面積制限

　後継者が複数人の場合には、①②の面積は各後継者が取得した面積の合計で判定します。

● 小規模宅地等の特例との併用の場合

　先代事業者等からの相続等により取得した宅地等につき小規模宅地等の特例の適用を受ける者がいる場合には、一定の制限があります。

　詳細は第Ⅲ章 相続編 24にて後述しています。

（措法70の6の8②一、措令40の7の8⑥、措規23の8の8①）

4 資産保有型事業の判定

資産保有型事業の判定方法を教えてください。

A

有価証券、自ら使用していない不動産、現金・預金等の特定の資産（特定資産）の保有割合が、特定事業用資産の事業に係る総資産の総額の70％以上となる事業（資産保有型事業）をいいます。

・・・・・・・・・・・・・・・・・・・・・・・ **解　説** ・・・・・・・・・・・・・・・・・・・・・・・

1 資産保有型事業

特定事業用資産の贈与の日の属する年の前年1月1日から納税の猶予に係る期限が確定する期間内のいずれかの日において、次のイ及びハに掲げる金額の合計額に対するロ及びハに掲げる金額の合計額の割合が70％以上となる事業をいいます。

ただし、事業活動のために必要な資金の借入れを行ったこと又はその事業の用に供していた資産の譲渡、当該資産について生じた損害に基因した保険金の取得その他事業活動上生じた偶発的な事由でこれらに類するものが生じたことにより、上記の期間内のいずれかの日において特定事業用資産に係る事業に係る貸借対照表に計上されている「特定資産」（下記参照）の割合が70％以上となった場合には、当該事由が生じた日から同日以後6ヶ月を経過する日までの期間は、資産保有型事業に該当するか否かを確認する期間から

除かれます。

$$\frac{ロ＋ハ}{イ＋ハ}≧100分の70 \quad \Rightarrow \quad 資産保有型事業に該当$$

イ　当該事業に係る貸借対照表に計上されている総資産の帳簿価額の総額

ロ　当該事業に係る貸借対照表に計上されている特定資産※の帳簿価額の合計額

　　※「特定資産」とは、下記のとおりです。
　　　① 現金、預貯金その他これらに類するもの
　　　② 有価証券
　　　③ 現に自ら使用していない不動産（不動産の一部分につき現に自ら使用していない場合は、当該一部分に限る）
　　　④ ゴルフ場その他の施設の利用に関する権利（事業の用に供することを目的として有するものを除く）
　　　⑤ 絵画、彫刻、工芸品その他の有形の文化的所産である動産、貴金属及び宝石（事業の用に供することを目的として有するものを除く）
　　　⑥ 次に掲げる者に対する貸付金、未収金その他これらに類する資産
　　　　・この適用を受ける者
　　　　・この適用を受ける者と特別の関係がある者（以下、「特別関係者」といいます。下記参照）

ハ　その日以前5年以内において、この適用を受ける者の特別関係者※がその者から受けた必要経費不算入対価等（特別関係者に対して支払われた対価又は給与の金額であって当該個人の所得税法第27条第2項に規定する事業所得の金額の計算上、必要経費に算入されないもの）の合計額

　　※「特別関係者」とは、下記のとおりです。
　　　① この適用を受ける者の親族
　　　② この適用を受ける者と婚姻の届出をしていないが事実上婚姻関係と同様の事情にある者
　　　③ この適用を受ける者の使用人

④　この適用を受ける者から受ける金銭その他の資産によって生計を維持
している者

⑤　②から④の者と生計を一にするこれらの者の親族

⑥　次の会社

⑴　この適用を受ける者（①から⑤の者を含む。以下同じ）が有する
会社の株式等の議決権の割合がその会社の総議決権の50%を超える
場合のその会社

⑵　この適用を受ける者及び⑴の会社が有する他の会社の株式等に係
る議決権の割合が他の会社の総議決権の50%を超える場合のその他
の会社

⑶　この適用を受ける者及び⑴⑵の会社が有する他の会社の株式等に
係る議決権の割合が他の会社の総議決権の50%を超える場合のその
他の会社

(措法70の6の8②四、措令40の7の8⑭⑮⑯、措規23の8の8⑦⑧、円滑化法施行
規則1㉖二)

5 資産運用型事業の判定

資産運用型事業の判定方法を教えてください。

A

有価証券、自ら使用していない不動産、現金・預金等の特定の資産（特定資産）からの運用収入が特定事業用資産に係る事業の総収入の75％以上となる事業（資産運用型事業）をいいます。

■■■■■■■■■■■■■■■■■■■■■■■ 解　説 ■■■■■■■■■■■■■■■■■■■■■■■

　特定事業用資産の贈与の日の属する年の前年1月1日から納税の猶予に係る期限が確定する期間内のいずれかの年において、事業所得に係る総収入金額に占める特定資産の運用収入の合計額の割合が75％以上となる事業をいいます。

　ただし、事業活動のために必要な資金を調達するために特定資産を譲渡したこと、その他事業活動上生じた偶発的な事由でこれに類するものが生じたことにより、上記の期間内のいずれかの年において事業所得に係る総収入金額に占める特定資産の運用収入の合計額の割合が75％以上となった場合には、その年1月1日からその翌年12月31日までの期間は、資産運用型事業に該当するか否かを確認する期間から除かれます。

（措法70の6の8②五、措令40の7の8⑰、措規23の8の8⑨）

6 ▶ 受贈者の要件

贈与について個人版事業承継税制の適用を受ける
ときの、受贈者の要件を教えてください。

贈与税についての個人版事業承継税制の適用を受ける場合の受贈者（特
例事業受贈者）の要件は次の7つです。

① 　贈与の日において20歳以上であること

　（令和4年4月1日以後の贈与については18歳以上になります）

② 　円滑化法の認定を受けていること

③ 　贈与の日まで引き続き3年以上にわたり、特定事業用資産に係
る事業（同種・類似の事業等を含みます）に従事、または当該特定事
業用資産に係る事業に必要な知識及び技能を習得するための学校教
育法第1条に規定する高等学校、大学、高等専門学校その他の教育
機関における修学をしていたこと

④ 　先代事業者等である贈与者から、特定事業用資産の全ての贈与を
受け、贈与の日からその贈与に対する贈与税の申告書の提出期限ま
で引き続き特定事業用資産の全てを有し、自己の事業の用に供して
いること

⑤ 　贈与税の申告期限において開業届出書を提出し、青色申告の承認
を受けていること

⑥ 　特定事業用資産に係る事業が、資産管理事業及び性風俗関連特殊

営業に該当しないこと

⑦　納税が猶予される贈与税額及び利子税の額に見合う担保を税務署
　　に提供すること（詳細は第Ⅳ章 贈与編 5参照）

■■■■■■■■■■■■■■■■■■■■■■■■ 解　説 ■■■■■■■■■■■■■■■■■■■■■■■■

　上記**A**に関し、留意点は以下のとおりです。

②…円滑化法の認定は、贈与を受けた年の翌年の1月15日までにその申請を
　　行う必要があります。
⑤…●開業届出書は事業開始の日（贈与の日）から1ヶ月以内に税務署長に
　　　提出してください。
　　●青色申告の承認を受けるためには、事業開始の日（贈与の日）から2ヶ
　　　月以内に税務署長に申請を行う必要があります。なお、後継者が既に
　　　他の業務を行っている場合には、青色申告をしようとする年分のその
　　　年の3月15日までに申請を行うことが必要です。
⑥…資産管理事業とは、資産保有型事業及び資産運用型事業をいいます。
　　（第Ⅲ章 概要編 4及び5にて詳述）

（措法70の6の8①、措法70の6の8②二、措規23の8の8⑤⑥）

7 贈与者の要件

贈与について個人版事業承継税制の適用を受ける
ときの、贈与者の要件を教えてください。

贈与者の要件は、先代事業者である場合とそれ以外の場合により以下の
とおりとなります。

・・・・・・・・・・・・・・・・・・・・・ 解　説 ・・・・・・・・・・・・・・・・・・・・・

贈与者の要件は以下のとおりです。

《贈与者が先代事業者である場合》

① 廃業届出書を提出していること又は贈与税の申告期限までに提出する
見込みであること

② 贈与の日の属する年、その前年及びその前々年の確定申告書を青色申
告書により提出していること

《贈与者が先代事業者以外の場合》

① 先代事業者の贈与又は相続開始の直前において、先代事業者と生計を
一つにする親族であること

② 先代事業者からの贈与又は相続後で、かつ、その贈与又は相続開始の
日から1年を経過する日までに特定事業用資産の贈与をしていること

(措法70の6の8①、措令40の7の8①)

8 ▶ 推定相続人以外の者が贈与税の納税猶予を受ける際の相続時精算課税制度の特例

贈与税の納税猶予の適用を受ける際の相続時精算
課税制度の注意点を教えてください。

特定事業用資産の贈与について、贈与税の納税猶予の適用を受ける受贈者は、贈与者の推定相続人以外の者についても相続時精算課税の適用を受けることができます。

■■■■■■■■■■■■■■■■■■■■■■■■■■■■ 解　説 ■■■■■■■■■■■■■■■■■■■■■■■■■■■■

　特定事業用資産の贈与について、個人版事業承継税制を適用し贈与税の納税猶予の適用を受ける場合には、直系卑属である推定相続人・孫以外の者であっても、20歳以上（令和４年４月１日以後の贈与については18歳以上）であれば相続時精算課税の適用を受けることができます。

　ただし、特定事業用資産の贈与を受けるときより前にその贈与者から受けた贈与については、相続時精算課税の適用を受けることはできません。

　また、猶予を受けている贈与税の全部の納税の猶予に係る税額が確定した場合又は免除された場合においても、その後の贈与者からの贈与により取得した財産については、相続時精算課税の適用を受けることができます。

（措法70の２の７）

9 先代事業者が複数の事業を営んでいる場合

先代事業者が複数の事業を営んでいるときの取り扱いを教えてください。

A

同一年に限って事業ごとに複数の後継者へ贈与するときは、それぞれの後継者が個人版事業承継税制の適用を受けることができます。

■■■■■■■■■■■■■■■■■■■■■■■■ **解　説** ■■■■■■■■■■■■■■■■■■■■■■■■■

　既に個人版事業承継税制の適用に係る贈与をしている先代事業者は、再度この制度の適用を受けることはできません。

　ただし、同一年に限って事業ごとに複数の後継者へ贈与するときは、それぞれの後継者が個人版事業承継税制の適用を受けることができます。

　この場合には、それぞれの後継者ごとに認定申請を行う必要があります。

● **特定事業用資産の限度面積**
　後継者が複数の場合には、この適用を受けることができる宅地等及び建物の限度面積は各後継者が取得した面積の合計で判定します。
　宅地等……各後継者が取得した面積の合計のうち400m²まで
　建物………各後継者が取得した面積の合計のうち800m²まで

（措法70の6の8①②一）

10 贈与税の納税猶予額の計算方法

贈与税の納税猶予額の具体的な計算方法を教えて
ください。

① 全ての贈与財産に係る贈与税を計算

② 贈与財産が特定事業用資産のみであると仮定した贈与税を計算

⇒ ②の金額が猶予される贈与税となり、①から②を控除した金額は贈
与税の申告期限までに納付する必要があります。

・・・・・・・・・・・・・・・・・ 解　説 ・・・・・・・・・・・・・・・・・・

ステップ1　贈与を受けた財産の価額の合計額に基づき贈与税を計算します。

Ⓐ　現預金・不動産・ 特定事業用資産 など 年間に受けた全ての贈与財産	⇒	①　Ⓐに対する 贈与税

ステップ2　贈与を受けた財産が特定事業用資産のみであると仮定して贈与
税を計算します。

Ⓑ　特定事業用資産	⇒	②　Ⓑに対する 贈与税

Ⓑの計算における注意点

(1) 相続時精算課税制度を適用する場合には、「相続時精算課税」を選択した贈与者ごとに、贈与税の納税猶予の適用を受ける特定事業用財産の額の合計額から、特別控除2,500万円（前年以前に特別控除を適用しているときは、その金額を控除した残額）を控除した残額に20％の税率をかけて税額を算出します。その合計額が②の贈与税額となります。

(2) 特定事業用資産とともに引き受けた債務がある場合は、特定事業用資産の額からその債務（金銭の貸付けに係る消費貸借契約書その他の書面により特定事業用資産に係る事業に関する債務でないことが明らかなものを除きます）の金額を控除します。

ステップ3 猶予される税額が②の金額となります。一方で、①から②を控除した金額③は、贈与税の申告期限までに納付しなければなりません。

①Aに対する贈与税 － ②Bに対する贈与税（猶予税額）
＝ ③申告期限までに納付する贈与税額

（措法70の6の8②三）

11 贈与税の納税猶予を受けるための手続きスケジュール

Q

贈与税の納税猶予を受けるための手続きスケジュールを教えてください。

A

①個人事業承継計画の策定・提出・確認　②贈与　③都道府県知事の円滑化法の認定、開業届出書の作成、青色申告の承認　④贈与税の申告及び担保提供　⑤継続届出書の提出が必要です。

・・・・・・・・・・・・・・・・・・・・ 解　説 ・・・・・・・・・・・・・・・・・・・・

🔢 個人事業承継計画

後継者は、先代事業者の事業を確実に承継するための具体的な計画を記載した「個人事業承継計画」を策定し、認定経営革新等支援機関の所見を記載の上、令和6年3月31日までに都道府県知事に提出し、その確認を受ける必要があります。

なお、令和6年3月31日までの贈与については、贈与後、円滑化法の認定申請時までに個人事業承継計画を提出することも可能です。

🔢 贈　与

個人版事業承継税制の適用対象となる贈与は、平成31年1月1日から令和10年12月31日までの間の特定事業用資産の贈与であることが要件となります。

また、先代事業者の生計一親族からの贈与・相続等についても適用があり
ますが、これについては上記の期間、かつ、先代事業者からの贈与・相続等
の日から1年を経過する日までにされたものに限られます。

3 贈与から贈与税の申告期限までの手続

　贈与を受けた年の翌年の1月15日までに、後継者の要件及び先代事業者等
の要件を満たしていることについての都道府県知事の円滑化法の認定の申請
をし、認定を受ける必要があります。

　また、贈与税の納税猶予を受けるためには、下記の期限までに、各手続き
を税務署に行わなければなりません。

①　後継者による開業届の提出

　　提出期限：事業の開始の日（贈与の日）から1ヶ月以内。

②　後継者による青色申告の承認申請

　　提出期限：事業の開始の日（贈与の日）から2ヶ月以内。ただし、後
　　　　　　　継者が既に他の業務を行っている場合には青色申告をしよ
　　　　　　　うとする年の3月15日まで

③　先代事業者による廃業届出書の提出

　　提出期限：贈与税の申告期限

4 贈与税の申告及び担保提供

　贈与を受けた年の翌年2月1日から3月15日までに、この制度の適用を受
ける旨を記載した贈与税の申告書及び一定の書類を税務署へ提出し、納税が
猶予される贈与税額及び利子税の額に見合う担保を税務署に提供します（詳
細については、第Ⅳ章 贈与編 5参照）。

5 継続届出書の提出

　引き続き制度の適用を受けるためには、「継続届出書」に一定の書類を添付して3年ごとに所轄の税務署へ提出する必要があります（詳細については、第Ⅳ章 贈与編 6参照）。なお、「継続届出書」の提出がない場合には、猶予されている贈与税の全額と利子税を納付する必要があります。

12 生計一親族からの贈与に対する 個人版事業承継税制の適用

先代事業者が、その妻が所有する土地の上に建物を
建てて事業を行っているようなケースにおける個
人版事業承継税制の適用の可否を教えてください。

A

ご質問のケースでは、妻が所有する土地は特定事業用資産に該当し、贈
与税の納税猶予を受けることができます。

解　説

　先代事業者の生計一親族が所有する資産が事業に供されているときは、そ
の資産が特定事業用資産に該当し、贈与税の納税猶予の適用を受けることが
できます。なお、この場合において特定事業用資産に該当する資産の要件は、
先代事業者が所有する資産と同様です。

　生計一親族からの贈与は、先代事業者からの贈与・相続等の日から1年を
経過する日までにされたものに限られます。

　（例）　先代事業者からの贈与　　　令和元年11月1日

　　　　生計一親族Aからの贈与　　令和2年5月1日⇒適用できる

　　　　1年を経過する日　　　　　令和2年10月31日

　　　　生計一親族Bからの贈与　　令和2年12月1日⇒適用できない

（措法70の6の8①②一、措令40の7の8①）

13 贈与税の納税猶予額を 納付しなければならないケース

贈与税の納税猶予額を納付しなければならない
ケースを教えてください。

猶予されている贈与税の納付が必要となる場合は下記のとおりです。それぞれに該当する日から2ヶ月を経過する日までに納税が猶予されている贈与税の全部又は一部と利子税を納付する必要があります。

･･････････････････････ 解　　説 ･･････････････････

❶ 全額の納付が必要な場合

　以下の事由に該当した場合は、該当した日から2ヶ月を経過する日までに、猶予されている税額の全額の納付が必要となります（カッコ内は、いつが「該当した日」にあたるかを示しています）。

①　事業を廃止した場合（事業を廃止した日）
　　…ただし、やむを得ない理由がある場合を除きます（43頁参照）。
②　資産管理事業又は性風俗関連特殊営業に該当した場合（該当した日）
③　特定事業用資産に係る事業について、その年の事業に係る事業所得の総収入金額が零となった場合（その年の12月31日）
④　特定事業用資産の全てが後継者のその年の事業所得に係る青色申告書

の貸借対照表に計上されなくなった場合（その年の12月31日）

⑤　青色申告の承認が取り消された場合又は取りやめの届出書を提出した場合（その承認が取り消された日又は届出書の提出日）

⑥　後継者がこの規定の適用を受けることをやめる旨を記載した届出書を納税地の所轄税務署長に提出した場合（届出書の提出日）

⑦　納税猶予期間中に提出すべき継続届出書の提出がされなかった場合（提出期限の翌日）

2 一部の納付が必要な場合

特定事業用資産の全部又は一部が後継者の事業の用に供されなくなった場合（❶の①から⑥に該当する場合及び事業の用に供することが困難になった場合として一定の場合※を除きます）には、納税猶予分の贈与税額のうち、当該事業の用に供されなくなった部分に対応する部分の額として下記の算式により計算した金額に相当する贈与税については、事業の用に供されなくなった日から２月を経過する日に利子税と合わせて納付する必要があります。

納付する贈与税

＝納税猶予分の贈与税（既に期限の確定した金額を除く）× $\dfrac{A}{B}$

A　事業の用に供されなくなった特定事業用資産の贈与時の価額

B　事業の用に供されなくなった時の直前においてその事業の用に供されていた全ての特定事業用資産の贈与時の価額

この場合において、事業の用に供されなくなった事由が譲渡であるときは、譲渡があった日から１年以内に譲渡対価額の全部又は一部をもって後継者の事業の用に供される資産を取得する見込みであることにつき、納税地の所轄税務署長の承認を受けたときは、次のとおり取り扱われます。

⑴　その承認に係る特定事業用資産は、⑶の取得の日まで事業の用に供されていたものとみなします。

⑵　譲渡があった日から１年を経過する日において、その承認に係る譲渡対価の額の全部又は一部が当該事業の用に供される資産の取得に充てられていない場合には、その譲渡に係る特定事業用資産のうちその充てられていないものに対応する部分は、同日において当該事業の用に供されなくなったものとみなします。

⑶　その譲渡があった日から１年を経過する日までにその承認に係る譲渡の対価の額の全部又は一部が当該事業の用に供される資産の取得に充てられた場合には、その取得をした資産は、この規定の適用を受ける特定事業用資産とみなします。

※　「一定の場合」とは下記のとおりです。
　　①　特定事業用資産の陳腐化、腐食、損耗その他これらに準ずる事由により特定事業用資産を廃棄した場合
　　　　…この場合において後継者は、廃棄したことを証する届出書を、廃棄をした日から２月以内に納税地の所轄税務署長に提出しなければなりません。
　　②　事業の用に供されなくなった事由が、個人版事業承継税制の最初の適用を受ける贈与税の申告期限又は相続税の申告期限のいずれか早い日（特定申告期限）の翌日から５年を経過する日後の会社の設立に伴う現物出資による全ての特定事業用資産の移転であり、そのことにつき納税地の所轄税務署長の承認を受けた場合
　　　　…その現物出資により取得した株式又は持分はこの適用を受ける特定事業用資産として、そしてその会社が合併により消滅した場合等には、その会社の株式又は持分に相当するものとして計算したものが特定事業用資産としてみなされます。

（措法70の6の8④⑤⑥⑪、措令40の7の8⑱⑲⑳㉒、措規23の8の8⑬）

14 贈与税の納税猶予額が免除となる
ケース

贈与税の納税猶予額が免除となるケースを教えて
ください。

A

猶予されている贈与税の納付が免除されるのは下記のとおりです。

・・・・・・・・・・・・・・・・・・・・・ 解　説 ・・・・・・・・・・・・・・・・・・・・・

❶ 全額が免除される場合

① 後継者が死亡した場合

② 贈与者が死亡した場合

③ 後継者の個人版事業承継税制の最初の適用を受ける贈与税の申告期限
又は相続税の申告期限のいずれか早い日（特定申告期限）の翌日から5
年を経過する日後に、特定事業用資産の全てについて、さらに次の後継
者にこの制度の適用を受ける贈与（免除対象贈与）をした場合

④ やむを得ない理由[※1]により、事業を継続することができなくなった
場合

※1 「やむを得ない理由」とは、下記のとおりです。
　⑴ 精神保健及び精神障害者福祉に関する法律第45条第2項の規定によ
　　り精神障害者保健福祉手帳（精神保健及び精神障害者福祉に関する法
　　律施行令第6条第3項に規定する障害等級が1級である者として記載
　　されているものに限る）の交付を受けたこと。

(2)　身体障害者福祉法第15条第4項の規定により身体障害者手帳（身体上の障害の程度が1級又は2級である者として記載されているものに限る）の交付を受けたこと。

　⑶　介護保険法第19条第1項の規定による同項に規定する要介護認定（同項の要介護状態区分が要介護認定等に係る介護認定審査会による審査及び判定の基準等に関する省令第1条第1項第5号に掲げる区分に該当するものに限る）を受けたこと。

❷ 一部が免除される場合

①　後継者の特別関係者以外の一定の者※2に特定事業用資産の全てを譲渡又は贈与した場合又は民事再生法の規定による再生計画の認可決定に基づく再生計画等を遂行するために特定事業用資産の全てを譲渡した場合

　　…免除される贈与税 ＝ 猶予中贈与税 － （イ＋ロ）

　　イ　当該譲渡等があった時における当該譲渡等をした特例受贈事業用資産※3の時価に相当する金額（その金額が当該譲渡等をした特例受贈事業用資産の譲渡等の対価の額より低い金額である場合には、当該譲渡等の対価の額）

　　ロ　当該譲渡等があった日以前5年以内において、当該特例事業受贈者※4の特別関係者が当該特例事業受贈者から受けた必要経費不算入対価等の合計額

　※2　「一定の者」とは、青色申告の承認を受けている個人又は持分の定めのある法人（医療法人を除く）若しくは持分の定めのない法人（一般社団法人（公益社団法人を除く）及び一般財団法人（公益財団法人を除く）を除く）をいいます。

　※3　「特例受贈事業用資産」とは、特定事業用資産のうち贈与税の個人版事業承継税制の適用を受けるものをいいます。

　※4　「特例事業受贈者」とは、贈与税の個人版事業承継税制の対象となる後継者をいいます（本章 贈与編 6参照）。

②　破産手続開始の決定があった場合

…免除される贈与税 ＝ イ－ロ

　　イ　当該破産手続開始の決定の直前における猶予中贈与税額

　　ロ　当該破産手続開始の決定があった日以前5年以内において、当
　　　　該特例事業受贈者の特別関係者が当該特例事業受贈者から受けた
　　　　必要経費不算入対価等の合計額

③　事業の継続が困難な一定の事由が生じた場合[※5]において、特定事業
　用資産の全てを特別関係者以外の者に譲渡又は事業の廃止をした場合

　【譲渡のとき】

　　…免除される贈与税 ＝ 猶予中贈与税額－（イ＋ロ）

　　イ　譲渡等の対価の額（その資産の時価×50％が下限）を贈与時の価
　　　　額とみなして、再計算した金額

　　ロ　譲渡等があった日以前5年以内において、後継者の特別関係者
　　　　が後継者から受けた必要経費不算入対価等の合計額

　【廃止のとき】

　　…免除される贈与税 ＝ 猶予中贈与税額－（イ＋ロ）

　　イ　廃止直前の時価に相当する金額を贈与時の価額とみなして、再
　　　　計算した金額

　　ロ　当該廃止の日以前5年以内において、当該特例事業受贈者の特
　　　　別関係者が当該特例事業受贈者から受けた必要経費不算入対価等
　　　　の合計額

※5　「一定の事由」とは下記のとおりです。
　⑴　後継者又はその事業が❷の③に該当した日の属する年の前年以前3
　　　年内の各年のうち2以上の年において、事業所得の金額が零未満であ
　　　ること。
　⑵　直前3年内の各年のうち2以上の年において、当該事業に係る各年
　　　の事業所得に係る総収入金額が、当該各年の前年の総収入金額を下回
　　　ること。

(3) 後継者が心身の故障その他の事由により特例受贈事業用資産に係る事業に従事することができなくなったこと。

④ 後継者について民事再生法の規定による再生計画の認可の決定があった場合等において、後継者の有する資産につき一定の評定が行われた場合

…免除される贈与税 ＝ 猶予中贈与税額 － （イ＋ロ）

イ 再計算猶予中贈与税額※6

ロ 認可決定日以前5年以内において、当該特例事業受贈者の特別関係者が当該特例事業受贈者から受けた必要経費不算入対価等の合計額

※6 「再計算猶予中贈与税額」とは、特定事業用資産（猶予中贈与税額に対応する部分に限る）の認可決定日における価額を贈与時における価額とみなして、再計算した金額をいいます。

なお、再計算猶予中贈与税額については納税猶予が継続します。

● 免除届出書及び免除申請書の提出

上記❶の①から④のいずれかに該当したときは、後継者又は後継者の相続人は、その該当した日から同日後6ヶ月を経過する日（免除届出期限）までに、「免除届出書」を提出しなければなりません。

また、上記❷の①から④のいずれかに該当したときは、後継者は、その該当することとなった日または評定があった日から2ヶ月を経過する日までに、免除申請書を所轄税務署長に提出しなければなりません。

（措法70の6の8⑭⑯⑰⑱⑲、措令40の7の8㉚㉝㉞㉟、措規23の8の8㉓㉗）

15 贈与者が死亡した場合の取り扱い

先代事業者等（贈与者）が死亡した場合の取り扱いを教えてください。

贈与税の納税猶予の対象となっていた特定事業用資産は相続等により取得したものとみなされます。

■■■■■■■■■■■■■■■■■■■■■■■■■■■■ 解　説 ■■■■■■■■■■■■■■■■■■■■■■■■■■■■

　特定事業用資産の贈与をした先代事業者等である贈与者が死亡したときは、この適用を受けた資産は、相続等により取得したものとみなし、贈与時の価額により他の相続財産と合算して相続税を計算します。

　なお、その際、都道府県知事の「円滑化法の確認」を受け、一定の要件を満たす場合には、その相続等により取得したものとみなされた特定事業用資産について、個人の事業用資産についての相続税の納税猶予の適用を受けることができます。

(措法70の6の9、70の6の10)

16 ▶ 贈与同年相続

個人版事業承継税制の適用を受ける贈与があった
年に、その贈与者の相続が発生した場合の取り扱
いを教えてください。

贈与した年に贈与者の相続が開始した場合の認定については、相続又は
遺贈により取得したものとみなされます。

■■■■■■■■■■■■■■■■■■■■■■■■■ 解　説 ■■■■■■■■■■■■■■■■■■■■■■■■■

　贈与の日の属する年に贈与者の相続が開始した場合で、その贈与者から相
続又は遺贈により財産を取得したことにより相続税法第19条等の規定の適用
を受けるときは、特定事業用資産が贈与税の課税価格に算入されないため、
贈与税の納税猶予の前提となる認定の対象になりません（相法21の2④、28④）。

　他方、相続税の課税価格に算入されるため、相続税の納税猶予の前提とな
る認定の対象となります。事業用資産の贈与をした年に、贈与者の相続が開
始し、贈与者から後継者に対して特定事業用資産以外の資産の相続又は遺贈
があった場合には、相続認定個人事業者※1の認定の対象となります。

　一方、当該相続又は遺贈により財産を取得しない場合には、相続税法第19
条等の規定の適用はなく、贈与税の課税対象となることから、贈与認定個人
事業者※2の認定の対象となります。

※1　相続認定個人事業者とは、個人版事業承継税制の適用を受けるため都道府県知事の円滑化法の認定を受けた者をいいます。
※2　贈与認定個人事業者とは、個人版事業承継税制の適用を受けるため都道府県知事の円滑化法の認定を受けた者をいいます。

17 相続人等の要件

相続について個人版事業承継税制の適用を受ける
ときの、相続人等の要件を教えてください。

相続税についての個人版事業承継税制の適用を受ける場合の相続人等
（特例事業相続人等）の要件は次の7つです。

① 円滑化法の認定を受けていること

② 相続開始の直前において特定事業用資産に係る事業（同種・類似
の事業等を含みます）に従事、または当該特定事業用資産に係る事業
に必要な知識及び技能を習得するための学校教育法第1条に規定す
る高等学校、大学、高等専門学校その他の教育機関における修学を
していたこと（先代事業者等が60歳未満で死亡した場合を除きます）

③ 相続税の申告期限までの間に特定事業用資産に係る事業を引き継
いで、開業届出書を提出し、青色申告の承認を受けていること（見
込みを含みます）

④ 相続税の申告期間まで引き続き特定事業用資産の全てを有し、か
つ、自己の事業の用に供していること

⑤ 特定事業用資産に係る事業が、資産管理事業及び性風俗関連特殊
営業に該当しないこと

⑥ 先代事業者等から相続等により財産を取得した者が、特定事業用
宅地等について小規模宅地等の特例の適用を受けていないこと

⑦　納税が猶予される相続税額及び利子税の額に見合う担保を税務署
　に提供すること

·························· 解　　説 ··························

　上記**A**に関し、留意点は以下のとおりです。

①…円滑化法の認定は相続の開始後8ヶ月以内にその申請を行う必要があり
　ます。
③…●開業届出書は事業開始の日から1ヶ月以内に税務署長に提出してくだ
　　さい。
　●青色申告の承認を受けるため先代事業者の相続開始があったことを
　　知った日に応じ、次の期限までに税務署長に申請を行う必要があります。

死亡の日	申請期限
1月1日～8月31日	死亡の日から4ヶ月以内
9月1日～10月31日	その年の12月31日まで
11月1日～12月31日	その年の翌年2月15日まで

　　なお、後継者が既に他の業務を行っている場合には、青色申告をし
　　ようとする年分のその年の3月15日までに申請を行うことが必要です。
⑤…資産管理事業とは、資産保有型事業及び資産運用型事業をいいます（第
　Ⅲ章 概要編　4及び5にて詳述）。

（措法70の6の10②二、措規23の8の9①④）

18 被相続人の要件

相続について個人版事業承継税制の適用を受ける
ときの、先代事業者等である被相続人の要件を教
えてください。

A

被相続人の要件は、先代事業者である場合とそれ以外の場合により以下
のとおりとなります。

■■■■■■■■■■■■■■■■■■■■■■■■ 解　説 ■■■■■■■■■■■■■■■■■■■■■■■■

　被相続人の要件は以下のとおりです。

《先代事業者である場合》

　相続開始の日の属する年、その前年及びその前々年の確定申告書を65万円
の特別控除の適用に係る青色申告書により提出していること

《先代事業者以外である場合》

①　先代事業者の相続開始又は贈与の直前において、先代事業者と生計を
　　一にする親族であること

②　先代事業者からの贈与又は相続後に開始した相続に係る被相続人であ
　　ること

（措法70の6の10②一、措令40の7の10①②）

19 相続税の納税猶予を受けるための
手続きスケジュール

相続税の納税猶予を受けるための手続きスケ
ジュールを教えてください。

①個人事業承継計画の策定・提出・確認　②都道府県知事の円滑化法の
認定、開業届出書の提出、青色申告の承認　③相続税の申告及び担保提
供　④継続届出書の提出が必要です。

相　続　編

■■■■■■■■■■■■■■■■■■■■■■■■　解　説　■■■■■■■■■■■■■■■■■■■■■■

🞵 個人事業承継計画

　後継者は、先代事業者の事業を確実に承継するための具体的な計画を記載
した「個人事業承継計画」を策定し、認定経営革新等支援機関の所見を記載
の上、令和6年3月31日までに都道府県知事に提出し、その確認を受ける必
要があります。

　なお、令和6年3月31日までの相続については、相続後、円滑化法の認定
申請時までに個人事業承継計画を提出することも可能です。

🞶 適用期限

　個人版事業承継税制の適用対象となる相続は平成31年1月1日から令和10
年12月31日までの間の特定事業用資産の相続であることが要件となります。

また、先代事業者の生計一親族からの贈与・相続等についても適用があります。ますが、これについては上記の期間、かつ、先代事業者からの贈与・相続等の日から1年を経過する日までにされたものに限られます。

3️⃣ 相続から相続税の申告期限までの手続き

　相続開始後8ヶ月以内に後継者の要件及び先代事業者等の要件を満たしていることについての都道府県知事の「円滑化法」の認定の申請を行い、認定を受ける必要があります。

　また、下記の期限までに、各手続きを税務署に行います。

① 　後継者による開業届の提出
　　提出期限：相続税の申告書の提出期限
② 　後継者による青色申告の承認申請
　　提出期限：相続税の申告期限までに承認を受けていること（見込みを含みます）

4️⃣ 相続税の申告及び担保提供

　申告期限までに相続税の申告書及び一定の書類を税務署へ提出し、納税が猶予される相続税額及び利子税の額に見合う担保を税務署に提供します。

5️⃣ 継続届出書の提出

　引き続き制度の適用を受けるためには、「継続届出書」に一定の書類を添付して3年ごとに所轄の税務署へ提出する必要があります（詳細については、第Ⅳ章 相続編 13参照）。なお、「継続届出書」の提出がない場合には、猶予されている相続税の全額と利子税を納付する必要があります。

20 相続税の納税猶予額の計算方法

相続税の納税猶予額の具体的な計算方法を教えて
ください。

① 全ての財産の価額に基づき後継者の相続税を計算
② 後継者が特定事業用資産のみを相続したと仮定して後継者の相続税
を計算
⇒ ②の金額が猶予される相続税となり、①から②を控除した金額を相
続税の申告期限までに納付する必要があります。

∙∙∙∙∙∙∙∙∙∙∙∙∙∙∙∙∙∙∙∙∙∙∙∙∙∙∙ 解 説 ∙∙∙∙∙∙∙∙∙∙∙∙∙∙∙∙∙∙∙∙∙∙∙∙∙∙∙

ステップ1 全ての財産の価額に基づき後継者の相続税を計算

課税価格の合計額

後継者以外の相続人等が取得した財産価額の合計額	現預金・不動産・特定事業用資産など後継者が取得した全ての財産価額の合計額		① 後継者の相続税

ステップ2 後継者が特定事業用資産のみを相続したと仮定して後継者の相
続税を計算

後継者以外の相続人等が取得した財産価額の合計額	Ⓐ　特定事業資産の価格		②　Ⓐに対応する後継者の相続税

Ⓐの計算における注意点

　Ⓐの算定にあたり、債務及び葬式費用を控除する場合において、その債務から金銭の貸付けに係る消費貸借契約書その他の書面により特定事業用資産に係る事業に関する債務でないことが明らかなものを除きます。

ステップ3　猶予される税額が②の金額となります。一方、①から②を控除した金額は、相続税の申告期限までに納付しなければなりません。

（措法70の6の10②三、措令40の7の10⑨⑩）

21 ▶ 生計一親族からの相続に対する 個人版事業承継税制の適用

先代事業者がその妻の所有する土地の上に建物を
建て、事業を行っているようなケースにおける個
人版事業承継税制の適用を教えてください。

A

ご質問のケースでは、妻が所有する土地は特定事業用資産に該当し、相
続税の納税猶予を受けることができます。

・・・・・・・・・・・・・・・・・・・・・・・ 解　説 ・・・・・・・・・・・・・・・・・・・・・・・

　先代事業者の生計一親族が所有する資産が事業に供されているときは、そ
の資産が特定事業用資産に該当し、相続税の納税猶予の適用を受けることが
できます。なお、この場合において特定事業用資産に該当する資産の要件は
先代事業者が所有する資産と同様です。

　生計一親族からの相続は先代事業者からの贈与・相続等の日から1年を経
過する日までにされたものに限られます。

　(例)　先代事業者からの贈与　　令和元年11月1日

　　　　生計一親族Aからの相続　令和2年5月1日⇒適用できる

　　　　1年を経過する日　　　　令和2年10月31日

　　　　生計一親族Bからの相続　令和2年12月1日⇒適用できない

（措法70の6の10①②一、措令40の7の10①）

相
続
編

22 相続税の納税猶予額を 納付しなければならないケース

相続税の納税猶予額を納付しなければならない
ケースを教えてください。

猶予されている相続税の納付が必要となる場合は下記のとおりです。それぞれに該当する日から2ヶ月を経過する日までに納税が猶予されている相続税の全部又は一部と利子税を納付する必要があります。

・・・・・・・・・・・・・・・・・・ 解　説 ・・・・・・・・・・・・・・・・・・・・・

🔳 全額の納付が必要な場合

　以下の事由に該当した場合は、該当した日から2ヶ月を経過する日までに、猶予されている税額の全額の納付が必要となります（カッコ内は、いつが「該当した日」にあたるかを示しています）。

① 事業を廃止した場合（事業を廃止した日）
　…ただし、やむを得ない理由がある場合を除きます（61頁参照）。
② 資産管理事業又は性風俗関連特殊営業に該当した場合（該当した日）
③ 特定事業用資産に係る事業について、その年の事業に係る事業所得の総収入金額が零となった場合（その年の12月31日）
④ 特定事業用資産の全てが後継者のその年の事業所得に係る青色申告書

の貸借対照表に計上されなくなった場合（その年の12月31日）

⑤　青色申告の承認が取り消された場合又は取りやめの届出書を提出した
　　場合（その承認が取り消された日又は届出書の提出日）

⑥　青色申告の承認申請が却下された場合（その申請が却下された日）

⑦　後継者がこの規定の適用を受けることをやめる旨を記載した届出書を
　　納税地の所轄税務署長に提出した場合（届出書の提出日）

⑧　納税猶予期間中に提出すべき継続届出書の提出がされなかった場合（提
　　出期限の翌日）

2 一部の納付が必要な場合

　特定事業用資産の全部又は一部が後継者の事業の用に供されなくなった場
合（❶の①から⑧に該当する場合及び事業の用に供することが困難になった場合と
して一定の場合※を除く）には、納税猶予分の相続税額のうち、当該事業の用
に供されなくなった部分に対応する部分の額として下記の算式により計算し
た金額に相当する相続税については、事業の用に供されなくなった日から２
月を経過する日に利子税と合わせて納付する必要があります。

納付する贈与税

＝納税猶予分の相続税（既に期限の確定した金額を除く）× $\dfrac{A}{B}$

　A　事業の用に供されなくなった特定事業用資産の相続時の価額

　B　事業の用に供されなくなった時の直前においてその事業の用に
　　　供されていた全ての特定事業用資産の相続時の価額

　この場合において、事業の用に供されなくなった事由が譲渡であるときは、
譲渡があった日から１年以内に譲渡対価額の全部又は一部をもって後継者の
事業の用に供される資産を取得する見込みであることにつき、納税地の所轄

税務署長の承認を受けたときは、次のとおり取り扱われます。

⑴　その承認に係る特定事業用資産は、⑶の取得の日まで事業の用に供されていたものとみなします。

⑵　譲渡があった日から１年を経過する日において、その承認に係る譲渡対価の額の全部又は一部が当該事業の用に供される資産の取得に充てられていない場合には、その譲渡に係る特定事業用資産のうちその充てられていないものに対応する部分は、同日において当該事業の用に供されなくなったものとみなします。

⑶　その譲渡があった日から１年を経過する日までにその承認に係る譲渡の対価の額の全部又は一部が当該事業の用に供される資産の取得に充てられた場合には、その取得をした資産は、この規定の適用を受ける特定事業用資産とみなします。

※　「一定の場合」とは下記のとおりです。
①　特定事業用資産の陳腐化、腐食、損耗その他これらに準ずる事由により特定事業用資産を廃棄した場合
　　…この場合において後継者は、廃棄したことを証する届出書を廃棄をした日から２月以内に納税地の所轄税務署長に提出しなければなりません。
②　事業の用に供されなくなった事由が、個人版事業承継税制の最初の適用を受ける贈与税の申告期限又は相続税の申告期限のいずれか早い日（特定申告期限）の翌日から５年を経過する日後の会社の設立に伴う現物出資による全ての特定事業用資産の移転であり、そのことにつき納税地の所轄税務署長の承認を受けた場合
　　…その現物出資により取得した株式又は持分はこの適用を受ける特定事業用資産として、そしてその会社が合併により消滅した場合等には、その会社の株式又は持分に相当するものとして計算したものが特定事業用資産としてみなされます。

（措法70の6の10③④⑤⑥⑩⑫、措令40の7の1⑮⑯⑰）

23 相続税の納税猶予額が免除となる ケース

相続税の納税猶予額が免除となるケースを教えて
ください。

相
続
編

猶予されている相続税の納付が免除されるのは下記のとおりです。

.... 解　　説 ....

🔳 全額が免除される場合

①　後継者が死亡した場合

②　後継者の個人版事業承継税制の最初の適用を受ける贈与税の申告期限
　　又は相続税の申告期限のいずれか早い日（特定申告期限）の翌日から5
　　年を経過する日後に、特定事業用資産の全てについて、さらに次の後継
　　者にこの制度の適用を受ける贈与（免除対象贈与）をした場合

③　やむを得ない理由[※1]により、事業を継続することができなくなった
　　場合

　　※1　「やむを得ない理由」とは、下記のとおりです。
　　　⑴　精神保健及び精神障害者福祉に関する法律第45条第2項の規定によ
　　　　り精神障害者保健福祉手帳（精神保健及び精神障害者福祉に関する法
　　　　律施行令第6条第3項に規定する障害等級が1級である者として記載
　　　　されているものに限る）の交付を受けたこと。
　　　⑵　身体障害者福祉法第15条第4項の規定により身体障害者手帳（身体

上の障害の程度が1級又は2級である者として記載されているものに限る）の交付を受けたこと。

⑶　介護保険法第19条第1項の規定による同項に規定する要介護認定（同項の要介護状態区分が要介護認定等に係る介護認定審査会による審査及び判定の基準等に関する省令第1条第1項第5号に掲げる区分に該当するものに限る）を受けたこと。

❷ 一部が免除される場合

①　後継者の特別関係者以外の一定の者※2に特定事業用資産の全てを譲渡又は贈与した場合又は民事再生法の規定による再生計画の認可決定に基づく再生計画等を遂行するために特定事業用資産の全てを譲渡した場合

　　…免除される相続税＝猶予中相続税－（イ＋ロ）

　　イ　当該譲渡等があった時における当該譲渡等をした特例事業用資産※3の時価に相当する金額（その金額が当該譲渡等をした特例事業用資産の譲渡等の対価の額より低い金額である場合には、当該譲渡等の対価の額）

　　ロ　当該譲渡等があった日以前5年以内において、当該特例事業相続人※4等の特別関係者が当該特例事業相続人等から受けた必要経費不算入対価等の合計額

※2　「一定の者」とは、青色申告の承認を受けている個人又は持分の定めのある法人（医療法人を除く）若しくは持分の定めのない法人（一般社団法人（公益社団法人を除く）及び一般財団法人（公益財団法人を除く）を除く）をいいます。

※3　「特例事業用資産」とは、特定事業用資産のうち相続税の個人版事業承継税制の適用を受けるものをいいます。

※4　「特例事業相続人等」とは、相続税の個人版事業承継税制の対象となる後継者をいいます（本章　**相続編　17**参照）。

②　破産手続き開始の決定があった場合

　　…免除される相続税＝イ－ロ

イ　当該破産手続開始の決定の直前における猶予中相続税額

　　ロ　当該破産手続開始の決定があった日以前5年以内において、当
　　　　該特例事業相続人等の特別関係者が当該特例事業相続人等から受
　　　　けた必要経費不算入対価等の合計額

③　事業の継続が困難な一定の事由※5が生じた場合において、特定事業
　用資産の全てを特別関係者以外の者に譲渡又は事業の廃止をした場合
　【譲渡のとき】
　…免除される相続税＝猶予中相続税額－（イ＋ロ）
　　イ　譲渡等の対価の額（その資産の時価×50％が下限）を相続時の価
　　　　額とみなして、再計算した金額
　　ロ　譲渡等があった日以前5年以内において、当該特例事業相続人
　　　　等の特別関係者が当該特例事業相続人等から受けた必要経費不算
　　　　入対価等の合計額

　【廃止のとき】
　…免除される相続税＝猶予中相続税額－（イ＋ロ）
　　イ　廃止直前の時価に相当する金額を相続時の価額とみなして、再
　　　　計算した金額
　　ロ　当該廃止の日以前5年以内において、当該特例事業相続人等の
　　　　特別関係者が当該特例事業相続人等から受けた必要経費不算入対
　　　　価等の合計額

※5　「一定の事由」とは、下記のとおりです。
　⑴　後継者又はその事業が**2**の③に該当した日の属する年の前年以前3年
　　　内の各年のうち2以上の年において、事業所得の金額が零未満であること。
　⑵　直前3年内の各年のうち2以上の年において、当該事業に係る各年の
　　　事業所得に係る総収入金額が、当該各年の前年の総収入金額を下回ること。
　⑶　後継者が心身の故障その他の事由により特定事業用資産に係る事業に
　　　従事することができなくなったこと。

④　後継者について民事再生法の規定による再生計画の認可の決定があった場合等において、後継者の有する資産につき一定の評定が行われた場合

　　…免除される相続税＝猶予中相続税額－（イ＋ロ）

　　イ　再計算猶予中相続税額[5]

　　ロ　認可決定日以前5年以内において、当該特例事業相続人等の特別関係者が当該特例事業相続人等から受けた必要経費不算入対価等の合計額

※5　「再計算猶予中相続税額」とは、特定事業用資産（猶予中贈与税額に対応する部分に限ります）の認可決定日における価額を相続時における価額とみなして、再計算した金額をいいます。

　　なお、再計算猶予中贈与税額については納税猶予が継続します。

● 免除届出書及び免除申請書の提出

　上記❶の①から③のいずれかに該当したときは、後継者又は後継者の相続人はその該当した日から同日後6ヶ月を経過する日（免除届出期限）までに、「免除届出書」を提出しなければなりません。

　また、上記❷の①から③のいずれかに該当したときは、後継者は、その該当することとなった日又は評定があった日から2ヶ月を経過する日までに、免除申請書を所轄税務署長に提出しなければなりません。

（措法70の6の10 ⑮⑰⑱⑲⑳㉑、措令40の7の10 ⑯⑰⑳㉛、措規23の8の9 ㉑）

24 個人版事業承継税制と 小規模宅地等の特例との関係

個人版事業承継税制と小規模宅地等の特例との関係を教えてください。

先代事業者等（被相続人）に係る相続等により取得した宅地等について小規模宅地等の特例の適用を受ける者がある場合、その適用を受ける小規模宅地等の区分に応じ、個人版事業承継税制の適用が制限されます。

【小規模宅地等の適用区分による個人版事業承継税制の適用面積の限度】

	適用を受ける小規模宅地等の区分	個人版事業承継税制の適用面積の限度
イ	特定事業用宅地等	適用は受けられません。
ロ	特定同族会社事業用宅地等	$400m^2$ －特定同族会社事業用宅地等の面積
ハ	貸付事業用宅地等※	$400m^2 - 2 \times (A \times 200/330 + B \times 200/400 + C)$
ニ	特定居住用宅地等	$400m^2$

　A＝特定居住用宅地等の面積

　B＝特定同族会社事業用宅地等の面積

　C＝貸付事業用宅地等の面積

　※　貸付事業用宅地等を選択適用しているときはハによって計算します。

　個人版事業承継税制を適用しますと、小規模宅地等の特例の適用面積が減少します。

個人版事業承継税制と小規模宅地等の特例の比較

	個人版事業承継税制	小規模宅地等の特例
対応する資産の納税額	100％納税猶予	80％減額
将来の納税リスク	有	無
継続的な管理	要	不要
担保提供	要	不要
申告期限後に事業を廃止した場合	原則、納税猶予打ち切り	減額の取り消しなし

　事業継続を前提とすれば、個人版事業承継税制が有利となりますが、将来の事業継続が確実でないときは猶予税額及び利子税の納付のリスクが生じます。また、個人版事業承継税制は相続税の申告後も継続的な書類の提出等の管理が必要です。

　どちらを選択するかは、将来の展望を含め総合的に検討する必要があります。

（措令 40 の 7 の 10 ⑦、措通 70 の 6 の 10-17）

25 認定前に後継者が死亡した場合

都道府県知事の認定を受ける前に後継者が亡くなってしまいました。個人版事業承継税制は受けられなくなってしまうのでしょうか？

一定の要件のもと、後継者（2代目）の事業承継及び次の後継者（3代目）の事業承継について認定を受けることができます。

・・・・・・・・・・・・・・・・・・・・・・ 解　説 ・・・・・・・・・・・・・・・・・・・・・・

❶ 認定要件の特例―贈与税の個人版事業承継税制の場合

　後継者（受贈者）が贈与税の申告期限前に死亡した場合には、後継者の相続人が贈与税の申告を行うことになります（相法28②一の規定により準用される相法27②）。

　このことを踏まえて、贈与税の個人版事業承継税制の対象となり得る特定事業用資産の贈与を受けた者（後継者＝2代目）が都道府県知事の認定を受ける前に死亡した場合（第一種贈与、第二種贈与（下記参照）の認定要件に該当している場合に限る）には、当該後継者（2代目）から相続又は遺贈により当該特定事業用資産を取得した後継者の後継者（3代目）について、第一種相続、第二種相続（下記参照）の認定を受けることができるときに限り、後継者（2代目）の特定事業用資産の取得に関し、第一種贈与、第二種贈与の認定も受

けることができます。

2 認定要件の特例―相続税の個人版事業承継税制の場合

　相続人が相続税の申告期限前に死亡した場合には、当該相続人の相続人が相続税の申告を行うことになります（相法27②）。

　このことを踏まえて、相続税の個人版事業承継税制の対象となり得る特定事業用資産を相続又は遺贈により取得した者（後継者＝2代目）が都道府県知事の認定を受ける前に死亡した場合（第一種相続、第二種相続の認定要件に該当している場合に限ります）は、当該後継者（2代目）から相続又は遺贈により当該特定事業用資産を取得した後継者の後継者（3代目）について、第一種相続、第二種相続の認定を受けることができるときに限り、後継者（2代目）の特定事業用資産の取得に関し、同様に第一種相続、第二種相続の認定を受けることができることとしています。

> ● 第一種贈与認定及び第一種相続認定、第二種贈与認定及び第二種相続認定
> 　先代事業者から後継者への贈与・相続に係る個人事業承継計画の認定をそれぞれ、第一種贈与認定、第一種相続認定といいます。
> 　また、第一種認定に係る先代事業者からの贈与・相続以後、1年以内に行われた同一生計親族等からの贈与・相続にかかる個人事業承継計画の認定をそれぞれ、第二種贈与認定、第二種相続認定といいます。この認定の対象となる資産は、当該先代事業者が自己の事業の用に供し、かつ、当該先代事業者の青色申告書に記載されていた同一生計一親族等保有の特定事業用資産に限ります。

法人版事業承継税制との比較

　本文中でも、法人版事業承継税制と個人版事業承継税制との共通点や相違点について触れていますが、本コラムではそれを一覧にしました。

　法人版事業承継税制と比較し、特に相違点に着目することで個人版事業承継税制の立法趣旨が見えてきます。

	法人版事業承継税制	個人版事業承継税制	備考・立法趣旨
適用期限	一般措置：なし 特例措置：10年間	10年間	事業承継は多くの経営者が引退を迎えるこの10年間が正念場、という国の意向。
経営承継期間	あり（5年間）	なし	法人版の代表者要件、同族過半要件、同族内筆頭株主要件などは、こうした概念がない個人の事業承継には関係がないため、経営承継期間を設定する必要がない。
青色申告要件	なし	あり	個人版では事業用資産・負債について、明確な整理が必要であるため。
雇用確保要件	一般措置：あり 特例措置：実質撤廃	なし	第Ⅴ章　2参照。
小規模宅地等の特例との併用	制限なし	特定事業用宅地等は併用不可、特定同族会社事業用宅地等及び貸付事業用宅地等は面積制限あり	従来の事業用の小規模宅地等の特例とのバランスを踏まえつつ、可能な限り法人版事業承継税制に準じた制度として個人版事業承継税制を設計。
担保提供	みなし規定あり	みなし規定なし	第Ⅴ章　1参照。
重度障害を負った場合	代表者要件の緩和のみ	全額免除	法人組織形態ではなく、個人が自ら事業を担っているという個人事業者の特性を考慮。
継続届出書の提出	経営承継期間中は毎年、その後は3年に1度	3年に1度	経営承継期間中に各種要件を設定している法人版事業承継税制においては、行政による毎年のモニタリングが必要であるため。
都道府県知事への年次報告書の提出	必要 （経営承継期間中）	不要	

共通編

第IV章

個人版事業承継税制に関する
手続き

1 個人事業承継計画の作成

贈与税の個人版事業承継税制の適用を受けるためには、まず個人事業承継計画の作成が必要と聞きました。作るのが難しそうなのですが……。

A

個人事業承継計画のボリュームは実質 A4 用紙で 1 枚程度とコンパクトなものです。ただし、提出期限など注意すべきポイントがあります。

・・・・・・・・・・・・・・・・・・・・・ 解　説 ・・・・・・・・・・・・・・・・・・・・・

個人事業承継計画作成上のポイントは以下のとおりです。

① 計画の提出先は「先代事業者の主たる事務所所在地」を管轄する都道府県庁です。

② 計画提出は平成31年 4 月 1 日から令和 6 年 3 月31日まで可能です。

個人版事業承継税制は、平成31年 1 月 1 日から令和10年12月31日までの贈与又は相続等について適用される10年間の時限立法措置ですが、計画提出の期限はその 5 年以上前であることに注意が必要です。中小企業の事業承継は喫緊の課題である、という国の意向の表れであると言えるでしょう。ゆえに、少しでも個人版事業承継税制の適用を考えているのであれば、まずは個人事業承継計画を提出しておく、という実務上の対応が求められます。

③　計画の作成・提出は特定事業用財産の贈与が行われた後でも可能です。

④　一度作成した計画を変更することもできます（本章贈与編　3にて詳述します）。

⑤　先代事業者の申請直前の年の青色申告書、その青色申告書に添付される貸借対照表及び損益計算書その他の明細書の写しの添付が必要です。

次頁に、個人事業承継計画のひな型及び医療業の場合の記載例を示します。

なお、ひな型は中小企業庁のホームページ（https://www.chusho.meti.go.jp/zaimu/shoukei/shoukei_kojin_ninntei.htm）からダウンロードできます。

様式第 21 の 3

施行規則第 17 条第 4 項の規定による確認申請書
(個人事業承継計画)

令和 ●● 年 ● 月 ● 日

■■県知事　殿

郵　便　番　号　***-****
住　　　　　所　●●県●●市
電　話　番　号　***-***-****
氏　　　　　名　●●承太郎　　　印

　中小企業における経営の承継の円滑化に関する法律施行規則第 17 条第 1 項第 3 号の確認を受けたいので、下記のとおり申請します。

記

1　特定事業用資産に係る事業について

主たる事業内容	医療業
常時使用する従業員の数	10人

2　先代事業者について

先代事業者の氏名	●●創太郎

3　個人事業承継者について

個人事業承継者の氏名	●●承太郎

4　先代事業者が有する特定事業用資産を個人事業承継者が取得するまでの期間における経営の計画について

特定事業用資産を承継する時期（予定）	令和 2 年～ 令和 3 年頃予定

当該時期までの経営上の課題	・患者からの口コミ・紹介を中心に増患を続けているが、う蝕率の低下など、歯科医療業界の構造変化へのキャッチアップが急務である。 ・上記に伴い、予防歯科医療への転換を図るため歯科衛生士の確保が求められるが、近年の求人倍率の高騰により、思うような採用ができていない。
当該課題への対応	・事業承継と同時に自院ウェブサイトの再構築を行う。これにより、予防歯科医療に最も関心の高い子育て世代への訴求を図る。 ・働く人にとって魅力ある職場づくりに取り組み、人材採用における差別化及び人材の定着につなげる。

5 個人事業承継者が特定事業用資産を承継した後の経営計画

具体的な実施内容
【1年目】 ・自院サイトを再構築し、事業承継に伴うイメージ刷新を行う。サイトには患者のみならず、求職者に向けたメッセージも込める。 ・SNSを活用し予防歯科診療について地域住民の啓蒙につなげる。 ・給与制度の見直し 【2年目】 ・従業員のスキル向上のため外部研修を積極的に活用し、患者満足度・従業員自身のモチベーションの向上につなげる。 【3年目】 ・予防歯科診療のため定期的に来院する患者の増加に対応すべく医院の増改築・歯科ユニットの増設を行う。

(備考)

① 用紙の大きさは、日本工業規格 A4 とする。

② 記名押印については、署名をする場合、押印を省略することができる。

③ 申請書の写し（別紙を含む）及び施行規則第 17 条第 4 項に定める書類を添付する。

④ 別紙については、中小企業等経営強化法に規定する認定経営革新等支援機関が記載する。

⑤ 認定経営革新等支援機関名については、中小企業庁ホームページ等で公表する場合がある。

(記載要領)

① 申請は個人事業承継者が行うものとし、郵便番号・住所・電話番号・氏名は、「個人事業承継者」の内容を記載する。

② 「2　先代事業者について」は、本申請を行う時における個人である中小企業者を記載する。

③ 「4　先代事業者が有する特定事業用資産を個人事業承継者が取得するまでの期間における経営の計画について」は、特定事業用資産を個人事業承継者が取得した後に本申請を行う場合には、記載を省略することができる。

2 ▶ 認定経営革新等支援機関による 指導及び助言

個人事業承継計画に所見を記載する認定経営革新
等支援機関とはどのような機関なのでしょうか？

A

商工会や商工会議所などの中小企業支援者のほか、金融機関、税理士、
公認会計士、弁護士等が主な認定経営革新等支援機関として認定されて
います。

・・・・・・・・・・・・・・・・・・・・・・ 解　　説 ・・・・・・・・・・・・・・・・・・・・・・

　認定経営革新等支援機関とは、中小企業が安心して経営相談等を受けられ
るようにするために、専門知識や実務経験が一定レベル以上の者を、国が公
的な支援機関として認定するものです。具体的には、商工会や商工会議所な
どの中小企業支援者のほか、金融機関、税理士、公認会計士、弁護士等が主
な認定経営革新等支援機関として認定されています。

　関与先に個人版事業承継税制の適用をアドバイスするのであれば、税理士・
公認会計士として認定経営革新等支援機関の認定を受けておくことは必須と
言えるでしょう。また、関与先事業主にとっても、自分の事業のことをよく
理解してくれている顧問税理士・公認会計士から助言を受けることで、個人
事業承継計画の作成が、個人版事業承継税制を受けるための単なる一手続き
にとどまらず、後継者と今後の事業を考えていく良い契機となることでしょう。

　「10年間の時限立法税制で個人事業における事業承継を加速させたい一方、性急な事業承継を行ってしまったことにより、せっかく引き継いだ事業が短期間で廃業を迎えてしまう、そういった事態は防がなければならない。早めに事業承継に取り組んでもらいつつも、その検討は時間をかけて慎重に行ってもらいたい。」

　個人版事業承継税制にかかる手続きの一番初めに個人事業承継計画の作成というフェーズが設けられているのは、そこに立法担当者のこういったメッセージが込められているのではないかと筆者は考えます。

　次頁に、認定経営革新等支援機関による所見のひな型及び医療業の場合の記載例を示します。

　なお、この所見のひな型は個人事業承継計画（本章贈与編　1参照）の別紙として中小企業庁のホームページ（https://www.chusho.meti.go.jp/zaimu/shoukei/shoukei_kojin_ninntei.htm）からダウンロードできます。

（別紙）

認定経営革新等支援機関による所見等

1 認定経営革新等支援機関の名称等

認定経営革新等支援機関ＩＤ番号	**********
認定経営革新等支援機関の名称	税理士法人●●●●会計　　印
（機関が法人の場合）代表者の氏名	代表社員　税理士　●●●●
住所又は所在地	●●県●●市…

2 指導・助言を行った年月日

　　　　　令和●●年●月●日

3 認定経営革新等支援機関による指導・助言の内容

　　近年の診療収入は安定しているものの、患者の年齢層も少しずつ高齢化しつつあると
の後継者の現状分析に基づき、予防歯科診療への転換を提案しました。

　　人手不足と言われる我が国において、歯科医療業界も例外ではなく、どのように求職
者に自院の魅力をアピールしていくべきか、また人材定着をどのように実現していくの
か、後継者の考えを聞きながら助言を行いました。

　　現在の財務内容は健全であることから、事業承継後の医院増改築投資に伴う借入金返
済にも余裕を持って対応できることを、収支シミュレーションを行いながら後継者に説
明しました。

3 個人事業承継計画の変更があった場合の取り扱い

長男を後継者として都道府県知事による個人事業承継計画の確認を既に受けているのですが、やはり後継者には次男がふさわしいと思うようになりました。一度計画において定めた後継者を変えてしまうと、個人版事業承継税制の適用は受けられないでしょうか？

いいえ。個人事業承継計画の変更について確認を受けることができます。

・・・・・・・・・・・・・・・・・・・・・ 解　説 ・・・・・・・・・・・・・・・・・・・・・

　個人事業承継計画の確認を受けた後に、後継者の変更など計画の内容に変更があった場合は、変更申請書を都道府県に提出し確認を受けることができます。変更申請書には、新たに後継者候補（個人事業承継者）となる者が、変更事項を反映した計画を記載し、また認定経営革新等支援機関による指導及び助言の内容についても、再度提出する必要があります。変更を認めているのもやはり、事業承継の検討については十分慎重に行ってもらいたい、という点で前項の2と同じ趣旨であると考えられます。

　変更申請書の様式を次頁に掲載します（認定経営革新等支援機関による指導・助言についての様式は確認申請時と同じですので、掲載は割愛します）。

様式第 24 の 3

施行規則第 18 条第 9 項の規定による変更確認申請書

年　　月　　日

都道府県知事　　殿

<table>
<tr><td rowspan="4">個人事業承継者を変更する場合は第7項、計画の内容そのものを変更する場合は第8項に該当します。</td><td>郵　便　番　号</td><td></td></tr>
<tr><td>住　　　　　所</td><td></td></tr>
<tr><td>電　話　番　号</td><td></td></tr>
<tr><td>氏　　　　　名　　　　　印</td><td></td></tr>
</table>

　　　年　　月　　日付け……企業における経営の承継の円滑化に関する法律施行規則
（以下「施行規則」という。）第 17 条第 1 項第 3 号の確認について、下記のとおり変更し
たいので、施行規則第 18 条　□第 7 項　□第 8 項　の確認を申請します。

記

1　特定事業用資産に係る事業について

主たる事業内容	
常時使用する従業員の数	人

2　先代事業者について

先代事業者の氏名	

3　施行規則第 18 条第 7 項の確認（個人事業承継者の変更）について

（変更前）個人事業承継者の氏名	
（変更後）個人事業承継者の氏名	

4　先代事業者が有する特定事業用資産を個人事業承継者が取得するまでの期間における
経営の計画について

特定事業用資産を承継する時期（予定）	年　月　〜　年　月

当該時期までの経営上の課題	
当該課題への対応	

5　個人事業承継者が特定事業用資産を承継した後の経営計画

具体的な実施内容

（備考）
① 用紙の大きさは、日本工業規格 A4 とする。
② 申請書の写し（別紙を含む）及び施行規則第 18 条第 9 項の規定により読み替えられた同条第 17 条第 4 項に定める書類を添付する。
③ 別紙については、中小企業等経営強化法に規定する認定経営革新等支援機関が記載する。

（記載要領）
① 申請は個人事業承継者（個人事業承継者の変更がある場合には、「変更後」の新たな個人事業承継者）が行うものとし、郵便番号・住所・電話番号・氏名は、「個人事業承継者」の内容を記載する。
② 「2　先代事業者について」は、本申請を行う時における個人である中小企業者を記載する。
③ 「4　先代事業者が有する特定事業用資産を個人事業承継者が取得するまでの期間における経営の計画について」は、特定事業用資産を個人事業承継者が取得した後に本申請を行う場合には、記載を省略することができる。

4 都道府県知事への認定申請書類の作成

確認を受けた個人事業承継計画に基づいて事業用
資産の贈与を行いました。次に何をすればよいの
でしょうか？

A

「第一種贈与申請基準日」（下記参照）から「贈与日の属する年の翌年1
月15日」までの間に、個人事業承継者の主たる事務所の所在地を管轄
する都道府県知事へ認定申請を行う必要があります。

・・・・・・・・・・・・・・・・・・・・・・・・・ 解　説 ・・・・・・・・・・・・・・・・・・・・・・・・・

1 都道府県知事への認定申請とは

　前項までで解説した個人事業承継計画の確認は、「個人版事業承継税制の
適用を受けるつもりがあるか」という、いわば意思確認の手続きでした。一
方で、この項で解説する都道府県知事への認定申請は、**第Ⅲ章 贈与編 6・
7**で解説した適用要件を満たしているか、という条件面の確認です。これに
は、①後継者が青色申告の承認を受ける必要があるなど、手続き面で時間を
要することから、計画の確認と認定申請を同時に求めることは現実的ではな
いという実務上の要請と、②計画の確認から認定申請までに手続き上一定の
期間を設けることで、慎重な再検討を行う一種のシンキングタイムとしての
機能を持たせている、という2つの理由が考えられそうです。

❷ 申請期限

第一種贈与申請基準日※から贈与日の属する年の翌年1月15日までの間に、個人事業承継者の主たる事務所の所在地を管轄する都道府県知事へ認定申請を行う必要があります。

> ※ 「第一種贈与申請基準日」とは、次に掲げる区分に応じ、それぞれに定める日をいいます。
> ① 贈与の日が1月1日から10月15日までの場合……10月15日
> ② 贈与の日が10月16日から12月31日までの場合
> ……その贈与の日
> ③ 贈与年の5月15日より前に先代事業者又は個人事業承継者の相続が開始した場合
> ……その相続開始の日の翌日から5月を経過する日

❸ 認定申請書の様式

認定申請書の様式（様式第7の5）を88頁に掲載します。**第Ⅲ章 贈与編 6・7**で解説した適用要件と見比べながら確認してみてください。2頁目までは事実関係を記載するのみですので容易に記入できますが、「（別紙）先代事業者の特定個人事業資産等について」※は貸借対照表などを確認しながら記載することになるため、手間がかかるところです。承継する事業が**第Ⅲ章 概要編 4・5**で述べた資産保有型事業及び資産運用型事業に該当しないかを確認するためであり、この点については、この認定申請時ではなく前段階の個人事業承継計画の確認時にチェックしておきたいところです。

> ※ 「特定個人事業資産」とは、個人である中小企業者が営む特定事業用資産に係る事業の貸借対照表に計上されている次に掲げる資産をいいます。
> ① 有価証券等
> ② 当該個人である中小企業者が現に自ら使用していない不動産（不動産の一部分につき現に自ら使用していない場合は、当該一部分に限ります）
> ③ ゴルフ場その他の施設の利用に関する権利（当該個人である中小企業者の事業の用に供することを目的として有するものを除きます）
> ④ 絵画、彫刻、工芸品その他の有形の文化的所産である動産、貴金属及び宝石（当該個人である中小企業者の事業の用に供することを目的とし

て有するものを除きます)
⑤　現金、預貯金その他これらに類する資産 (次に掲げる者に対する貸付金、未収金その他これらに類する資産を含みます)
イ　当該個人である中小企業者
ロ　当該個人である中小企業者の特別関係者

認定申請時に提出が必要な書類は下記のとおりです。

①　認定申請書 (原本1部、写し1部)

②　贈与契約書の写し及び贈与税額の見込額を記載した書類 (贈与税の見込額及び納税猶予見込税額を記載した書類。様式自由であり、贈与税の申告書一式でも可)

③　開業の届出書の写し

④　廃業の届出書の写し

⑤　青色申告の承認の申請書の写し又は青色申告の承認の通知の写し

⑥　先代事業者の贈与年の前年・前々年の青色申告書及び青色申告決算書の写し

⑦　特定事業用資産の移転等に係る認定経営革新等支援機関の確認書及び特定事業用資産の明細

⑧　個人事業承継者が3年以上事業従事していたことを証する書面(誓約書)

⑨　性風俗関連特殊営業に該当しない旨の誓約書

⑩　先代事業者及び個人事業承継者の住民票の写し (原本)

⑪　個人事業承継計画又はその確認書の写し

⑫　その他認定の参考となる書類
…前年から贈与時までの間の資産及び負債について著しい増減があった場合等には、その年から贈与時までの試算表などの提出を求められる場合があります。また、その他認定の判断ができない場合、参考資料の提出を求められることがあります。

⑬　返信用封筒

様式第7の5

第一種贈与認定個人事業者に係る認定申請書

年　　月　　日

都道府県知事　　殿

郵便番号
住　　　所
電話番号
氏　　　名　　　　　　　　　印

　中小企業における経営の承継の円滑化に関する法律第12条第1項の認定（同法施行規則第6条第16項第7号の事由に係るものに限る。）を受けたいので、下記 のとおり申請します。

記

1　個人事業承継計画の確認について

施行規則第17条第1項第3号の確認（施行規則第18条第7項又は第8項の変更の確認をした場合には変更後の確認）に係る確認事項	確認の有無		□有 □無（本申請と併せて提出）
	「有」の場合	確認の年月日及び番号	年　　月　　日（　　　号）
		先代事業者の氏名	
		個人事業承継者の氏名	

2　第一種贈与認定を受けようとする事業について

贈与時の常時使用する従業員の数	人	主たる事業内容	

3　贈与者（先代事業者）及び第一種贈与認定申請個人事業者について

贈与日		年　　月　　日
第一種贈与申請基準日		年　　月　　日
贈与税申告期限		年　　月　　日

贈与者	氏名	
	贈与の時の住所	
	贈与の時における過去の法第12条第1項の認定 （施行規則第6条第16項第7号又は第9号の事 由に係るものに限る。）に係る贈与の有無	□有 （　　　年　　月　　　日認定） □無
	特定事業用資産に係る事業についての廃業の届 出書の提出の有無	□有 （　　　年　　月　　　日提出） □無
	贈与日の属する年、その前年及びその前々年に おける青色申告書の提出の有無	□有　□無
第一種贈与認定申請個人事業者	氏名	
	住所	
	贈与日における年齢及び生年月日	歳 （　　　年　　月　　　日生）
	贈与時における贈与者との関係	□直系卑属 □直系卑属以外の親族 □親族外
	開業の届出書の提出の有無	□有 （　　　年　　月　　　日提出） □無
	贈与の日前3年以上にわたる特定事業用資産に係る 事業又はこれと同種若しくは類似の事業への従事 の有無	□有 （　　　年　　月　　　日から従事） □無
	青色申告の承認の申請書の提出の有無	□有 （　　　年　　月　　　日提出） □無
	下記の事項についての認定経営革新等支援機関の 確認の有無	□有 （　　　年　　月　　　日確認） □無
	贈与者が営んでいたその事業に係る特定事業用資 産の全て(*1)の贈与を受けていること	
	第一種贈与申請基準日まで、(*1)のうち租税特別措 置法第70条の6の8第1項の適用を受けようとす る特定事業用資産の全部を有し、かつ自己の事業の 用に供している又は供する見込みであること	

（備考）
① 用紙の大きさは、日本工業規格 A4 とする。
② 記名押印については、署名をする場合、押印を省略することができる。
③ 申請書の写し（別紙を含む）及び施行規則第 7 条第 10 項各号に掲げる書類を添付する。
④ 「施行規則第 17 条第 1 項第 3 号の確認（施行規則第 18 条第 7 項又は第 8 項の変更の確認をした場合には変更後の確認）に係る確認事項」については、当該確認を受けていない場合には、本申請と併せて施行規則第 17 条第 4 項に定める書類を添付する。また、施行規則第 18 条第 7 項又は第 8 項に定める変更をし、当該変更後の確認を受けていない場合には、本申請と併せて同条第 9 項の規定により読み替えられた前条第 4 項に定める書類を添付する。

(別紙)

先代事業者の特定個人事業資産等について

先代事業者の贈与年の前年における特定個人事業資産等に係る明細表					
種別		内容	利用状況	帳簿価額	運用収入
有価証券				(1)　　　　　円	(10)　　　　　円
不動産	現に自ら使用しているもの			(2)　　　　　円	(11)　　　　　円
	現に自ら使用していないもの			(3)　　　　　円	(12)　　　　　円
ゴルフ場その他の施設の利用に関する権利	販売することを目的として有するもの			(4)　　　　　円	(13)　　　　　円
	販売することを目的としないで有するもの			(5)　　　　　円	(14)　　　　　円
絵画、彫刻、工芸品その他の有形の文化的所産である動産、貴金属及び宝石	販売することを目的として有するもの			(6)　　　　　円	(15)　　　　　円
	販売することを目的としないで有するもの			(7)　　　　　円	(16)　　　　　円
現金、預貯金等	現金及び預貯金その他これらに類する資産			(8)　　　　　円	(17)　　　　　円
	先代事業者及び特別関係者（施行規則第1条第25項に掲げる者をいう。）に対する貸付金及び未収金その他これらに類する資産			(9)　　　　　円	(18)　　　　　円
特定個人事業資産の帳簿価額の合計額	(19)=(1)+(3)+(5)+(7)+(8)+(9)　　　　　円		特定個人事業資産の運用収入の合計額		(21)=(10)+(12)+(14)+(16)+(17)+(18)　　　　　円
資産の帳簿価額の総額	(20)　　　　　円		総収入金額		(22)　　　　　円

91

特定個人事業資産の帳簿価額等の合計額が資産の帳簿価額等の総額に対する割合	(23)=(19)/(20) ％		特定個人事業資産の運用収入の合計額が総収入金額に占める割合	(24)=(21)/(22) ％

やむを得ない事由により資産保有型事業又は資産運用型事業に該当した場合

該当した日	年　　　月　　　日
その事由	
解消見込時期	年　　　月頃

（記載要領）

① 単位が「％」の欄は小数点第1位までの値を記載する。

② 「先代事業者の贈与年の前年における特定個人事業資産等に係る明細表」については、贈与年の前年における贈与者が営んでいた特定事業用資産に係る事業の青色申告書の貸借対照表に計上されていた資産の金額を記載する。

③ 「先代事業者の贈与年の前年における特定個人事業資産等に係る明細表」については、「特定個人事業資産」又は「運用収入」については、該当するものが複数ある場合には同様の欄を追加して記載する。

④ 「やむを得ない事由により資産保有型事業又は資産運用型事業に該当した場合」については、その該当した日、その理由及び解消見込時期を記載する。

5 贈与税の申告・担保提供

贈
与
編

贈与税申告時には何を税務署に提出すればよいの
でしょうか？ また、担保の提供も求められると
聞きましたが、その方法を教えてください。

贈与日の属する年の翌年3月15日までに、後継者の住所地を所轄する
税務署へ贈与税申告を行う必要があります。その際、都道府県知事の認
定書その他必要書類の添付が必要です。また、納税猶予される贈与税額
及び利子税の額に見合う担保を税務署に提供する必要があります。

•••••••••••••••••••••••••••• 解　説 ••••••••••••••••••••••••••••

🔟 贈与税申告

　贈与税申告書に一定の書類を添付することが個人版事業承継税制の適用要
件の1つとなっています（措法70の6の8⑧、措規23の8の8⑯）。

　その書類のうち主なものは以下のとおりです。

① 　特例受贈事業用資産（特定事業用資産のうち、贈与税の個人版事業承継税
　　制の適用を受けるものをいいます）の明細

② 　納税猶予分の贈与税額の計算に関する明細

③ 　特例受贈事業用資産である償却資産についての地方税法第393条に基
　　づく価格決定通知書の写しその他の書類

④　特例受贈事業用資産である自動車に係る自動車検査証の写し

⑤　贈与契約書の写しその他の贈与の事実を明らかにする書類

⑥　後継者が贈与の日まで引き続き３年以上にわたり対象資産に係る贈与者の事業に従事していた旨及びその事実を詳細に記載した書類

⑦　都道府県知事による認定書の写し及び認定申請書の写し

⑧　都道府県知事による個人事業承継計画に係る確認書の写し及び確認申請書の写し

なお、国税庁のホームページ※において「（令和元年分用）個人の事業用資産についての贈与税の納税猶予及び免除のチェックシート」が公表されています。このチェックシートを贈与税申告書に添付することが求められており、実務上これによることで、提出書類の不備を防ぐことができます。チェックシートの様式を96頁に記載します。

※　http://www.nta.go.jp/taxes/tetsuzuki/shinsei/shinkoku/zoyo/yoshiki2019/pdf/047.pdf

2 担保提供

　個人版事業承継税制の適用要件の１つに、納税猶予される贈与税額及び利子税の額に見合う担保を税務署に提供することがあります（措法70の６の８①）。

　個人版事業承継税制では、その制度対象となる資産のうち、国税通則法上の担保として認められていない動産（減価償却資産）については、担保として提供することができません。これは、担保設定が要物契約（民法344）とされ、また、対抗要件が占有を継続すること（民法352）とされていることから、これを担保に提供することによって後継者が事業用資産を利用することができなくなってしまい、制度趣旨に反することになるためです。よって、国税通則法第50条の規定により、下記の資産の中から納税猶予される贈与税額及び利子税の額に見合う担保を税務署に提供することとされています（措通70

の6の8-10）。

① 国債及び地方債

② 社債その他の有価証券で税務署長が確実と認めるもの

③ 土地

④ 建物、立木及び登記される船舶並びに登録を受けた飛行機、回転翼航空機及び自動車並びに登記を受けた建設機械で、保険に附したもの

⑤ 鉄道財団、工場財団、鉱業財団、軌道財団、運河財団、漁業財団、港湾運送事業財団、道路交通事業財団及び観光施設財団

⑥ 税務署長等が確実と認める保証人の保証

⑦ 金銭

また、担保提供の手続きは、提供しようとする資産の種類ごとにそれぞれ以下のとおりとなります（通令16）。

① 国債、地方債、社債その他の有価証券で税務署長が確実と認めるもの及び金銭……供託書の正本を税務署長に提出

② 土地及び建物……抵当権設定に必要な書類を税務署長に提出（提出を受けた税務署長は、これをもとに抵当権設定登記を行うことになります）

③ 保証人の保証……保証人の保証を証する書面を税務署長に提出

なお、「納税猶予される贈与税額及び利子税の額に見合う担保」にいう利子税の額は、贈与税の申告書提出期限における贈与者の平均余命年数を納税猶予期間として計算した額によるものとされており（措通70の6の8-11）、その平均余命年数は相続税法施行規則第12条の3に定められています。

（令和元年分用）「個人の事業用資産についての贈与税の納税猶予及び免除」の適用要件チェックシート

（はじめにお読みください。）
1　このチェックシートは、「個人の事業用資産についての贈与税の納税猶予及び免除」（租税特別措置法第70条の6の8）の適用を受けるための適用要件を確認する際に使用してください。
2　「確認結果」欄の左側のみに○がある場合には、原則としてこの特例の適用を受けることができます。
3　このチェックシートは、申告書の作成に際して、この特例の適用に係る贈与者ごとに適用要件等を確認の上、申告書に添付してご提出ください。

受贈者（特例適用者）　　　　　　　　　　　　　　　　　贈与者氏名：

住　所

氏　名

電話　　　（　　　）

関与税理士　所在地
氏名　　　電話

項目		確認内容（適用要件）	確認結果		確認の基となる資料
贈与者	(1)	この特例の適用に係る贈与の時前において特定事業用資産に係る事業を行っていた者に該当しますか。	はい		
	申告期限まで	① その事業について、贈与の日の属する年、その前年及びその前々年の確定申告書を青色申告書（租税特別措置法第25条の2第3項の規定の適用に係るものに限ります。以下同じです。）により提出していますか。	はい	いいえ	○ 確定申告書、青色申告決算書など
	贈与の時	② その事業を廃止した旨の届出書を提出している又はこの特例の適用に係る贈与税の申告書の提出期限までに提出する見込みです。	はい	いいえ	○ 廃業届出書
		③ 既にこの特例の適用に係る贈与をしている者（注1）に該当しません。	はい	いいえ	○ 贈与税の申告書など
	(2)	(1)の場合以外の場合ですか。	はい		―
	贈与の直前	① 特定事業用資産に係る事業を行っていた者に係るこの特例の適用に係る贈与の直前又は「個人の事業用資産についての相続税の納税猶予及び免除」の適用に係る相続開始の直前において、その者と生計を一にする親族ですか。	はい	いいえ	―
	贈与の時	② ①の贈与の時又は相続開始の時後に贈与をした贈与者ですか。	はい	いいえ	○ 事業用資産納税猶予税額の計算書など
		③ 既にこの特例の適用に係る贈与をしている者（注1）に該当しません。	はい	いいえ	○ 贈与税の申告書など
後継者（受贈者）	贈与の日まで	○ その贈与の日まで引き続き3年以上にわたりその特定事業用資産に係る事業に従事していましたか。（注2） （業務の具体的内容等）	はい	いいえ	―
	贈与の時	① 特定事業用資産の取得が、平成31年1月1日から令和10年12月31日までの間の贈与による取得で、次のいずれかの取得ですか。 イ　最初のこの特例の適用に係る贈与による取得 ロ　イの取得の日から1年を経過する日までの贈与による取得（注3）	はい	いいえ	○ 認定書の写し、事業用資産納税猶予税額の計算書など
		② 贈与者から特定事業用資産の全てを取得していますか。	はい	いいえ	○ 青色申告決算書、事業用資産納税猶予税額の計算書など
		③ その事業が、資産保有型事業、資産運用型事業及び性風俗関連特殊営業のいずれにも該当していませんか。（注4）	はい	いいえ	○ 認定書の写しなど
		④ 20歳以上ですか。	はい	いいえ	○ 戸籍の謄本又は抄本

※　2面に続きます。

(2面)

贈与編

(1面からの続きです。)

項目		確認内容（適用要件）	確認結果		確認の基となる資料
後継者（受贈者）	贈与の時から申告期限まで	○ 特定事業用資産に係る事業を引き継ぎ、引き続きその特定事業用資産の全てを有し、かつ、自己の事業の用に供していますか。	はい	いいえ	○ 登記事項証明書、青色申告決算書など
	申告期限まで	① 都道府県知事の円滑化法の認定を受けていますか。（注5）	はい	いいえ	○ 認定書の写し
		② 中小事業者ですか。	はい	いいえ	○ 認定書の写し
		③ その事業について開業の届出書を提出していますか。	はい	いいえ	○ 開業の届出書
		④ その事業について青色申告の承認を受けていますか。（注6）	はい	いいえ	○ 青色申告承認申請書
		⑤ 円滑化省令第17条第1項の確認（同項第3号に係るものに限り、円滑化省令第18条第7項の規定による変更の確認を受けたときは、その変更後のもの）を受けていますか。（注5）	はい	いいえ	○ 確認書の写し
特定事業用資産	贈与の直前（共通）	① 次の区分に応じ、それぞれの日の属する年の前年分の事業所得に係る青色申告書の貸借対照表に計上されている資産ですか。 イ 贈与者が1面の(1)に該当する場合 　その贈与者の贈与の日 ロ 贈与者が1面の(2)に該当する場合 　特定事業用資産に係る事業を行っていた者に係るこの特例の適用に係る贈与の日又は「個人の事業用資産についての相続税の納税猶予及び免除」の適用に係る相続開始の日	はい	いいえ	○ 青色申告決算書
		② 特定事業用資産に係る事業は、不動産貸付業、駐車場業及び自転車駐車場業に該当しませんか。	はい	いいえ	○ 青色申告決算書
	宅地等	① 土地又は土地の上に存する権利で、一定の建物又は構築物の敷地の用に供されていますか。（注7）	はい	いいえ	○ 青色申告決算書、登記事項証明書など
		② 贈与者の事業の用に供されていた宅地等のうち棚卸資産に該当しない宅地等ですか。（注8）	はい	いいえ	○ 青色申告決算書、登記事項証明書など
	建物	○ 贈与者の事業の用に供されていた建物のうち棚卸資産に該当しない建物ですか。（注8）	はい	いいえ	○ 青色申告決算書、登記事項証明書など
	減価償却資産	○ 固定資産税の課税対象とされる資産など、租税特別措置法第70条の6の8第2項第1号ハに定める一定の減価償却資産に該当しますか。（注9）	はい	いいえ	○ 固定資産税の通知書の写しなど

(注) 1 同一年中に他の受贈者（後継者）に、特定事業用資産の贈与をしている者は含まれません。
　　　2 「特定事業用資産に係る事業」には、その事業と同種又は類似の事業に係る業務や、その事業に必要な知識及び技能を習得するための高等学校、大学、高等専門学校その他の教育機関における修学を含みます。また、「業務の具体的内容等」の記載に当たっては、具体的に従事した期間、業務内容等を記載します。
　　　3 「イの取得の日」は、後継者が、その事業に係る特定事業用資産について、最初に「個人の事業用資産についての相続税の納税猶予及び免除」の適用を受けている場合には、その適用に係る相続又は遺贈による取得の日となります。
　　　4 「資産保有型事業」とは、租税特別措置法第70条の6の8第2項第1号に規定する事業をいい、「資産運用型事業」とは、同項第5号に規定する事業をいい、「性風俗関連特殊営業」とは、風俗営業等の規制及び業務の適正化に関する法律第2条第5項に規定する性風俗関連特殊営業をいいます。
　　　5 「円滑化法」とは、中小企業における経営の承継の円滑化に関する法律をいいます。また、「円滑化省令」とは、中小企業における経営の承継の円滑化に関する法律施行規則をいいます。
　　　6 所得税法第147条の規定により承認があったものとみなされる場合の承認を含みます。
　　　7 「一定の建物又は構築物」とは、租税特別措置法施行規則第23条の8の8第1項に規定する建物又は構築物をいいます。
　　　8 「贈与者の事業の用」は、贈与者が1面の(2)の場合には、「特定事業用資産に係る事業を行っていた被相続人又は贈与者の事業の用」となります。また、事業の用以外の用に供されていた部分があるときは、事業の用に供されていた部分に限ります。
　　　9 特定事業用資産の対象となる一定の減価償却資産には、固定資産税の課税対象とされているもの、自動車税又は軽自動車税において営業用の標準税率が適用されるもの、その他一定のもの（貨物運送用など一定の自動車、乳牛・果樹等の一定の生物、特許権等の一定の無形固定資産）が該当します。

（はじめにお読みください。）
1　このチェックシートは、「個人の事業用資産についての贈与税の納税猶予及び免除」（租税特別措置法第70条の6の8）の適用を受けるための提出書類を確認する際に使用してください。
2　このチェックシートは、申告書の作成に際して、この特例の適用に係る贈与者ごとに提出書類を確認の上、申告書に添付してご提出ください。

受贈者（特例適用者）　　　　　　　　　　　　　　贈与者氏名：

住　　所

氏　　名

電話　　　　（　　　　　）

関与税理士	所在地		
	氏名		電話

(注)担保提供書及び担保関係書類が別途必要となります。

	提出書類	チェック欄
1	円滑化省令第7条第14項の都道府県知事の**認定書**（円滑化省令第6条第16項第7号又は第9号の事由に係るものに限ります。）**の写し**及び円滑化省令第7条第10項（同条第12項において準用する場合を含みます。）の**申請書の写し**	☐
2	円滑化省令第17条第5項の都道府県知事の**確認書の写し**及び同条第4項の**申請書の写し**	☐
3	特定事業用資産の区分に応じそれぞれ次に定める書類 ⑴　租税特別措置法第70条の6の8第2項第1号ハに定める資産（地方税法第341条第4号に規定する償却資産に限ります。） 　　その資産についての地方税法第393条の規定による通知に係る**通知書の写し**その他の書類（同法第341条第14号に規定する償却資産課税台帳に登録をされている次に掲げる事項が記載されたものに限ります。） 　　イ　当該資産の所有者の住所及び氏名 　　ロ　当該資産の所在、種類、数量及び価格	☐
	⑵　租税特別措置法第70条の6の8第2項第1号ハに定める資産（自動車に限ります。）並びに租税特別措置法施行規則第23条の8の8第2項第2号及び第3号に掲げる資産 　　道路運送車両法第58条第1項の規定により交付を受けた**自動車検査証**（贈与の日において効力を有するものに限ります。）**の写し**又は地方税法第20条の10の規定により交付を受けたこれらの資産に係る同条の**証明書の写し**その他の書類でこれらの資産が自動車税及び軽自動車税において営業用の標準税率が適用されていること又は租税特別措置法施行規則第23条の8の8第2項第2号イ若しくはロ若しくは第3号に掲げる資産に該当することを明らかにするもの	☐
	⑶　租税特別措置法施行規則第23条の8の8第2項第1号に掲げる資産（所得税法施行令第6条第9号ロ及びハに掲げる資産に限ります。） 　　当該資産が所在する敷地が**耕作の用に供されている**ことを証する書類	☐
4	**贈与に係る契約書の写し**その他の贈与の事実を明らかにする書類	☐
5	後継者が贈与の日まで引き続き3年以上にわたり特定事業用資産に係る租税特別措置法第70条の6の8第2項第2号ハに規定する事業に従事していた旨及びその事実の詳細を記載した書類 ※　「個人の事業用資産についての贈与税の納税猶予及び免除」の適用要件チェックシートに当該事項について記載してください。	☐

6 継続届出書の提出

贈与税の申告後は、何か行うべき手続きはあるの
でしょうか？

引き続き個人版事業承継税制の適用を受けるためには「継続届出書」に
一定の書類を添付して３年ごとに所轄の税務署へ提出する必要がありま
す。なお、「継続届出書」の提出がない場合には、猶予されている贈与
税の全額と利子税を納付する必要があります。

・・・・・・・・・・・・・・・・・・・・・・・・ 解　説 ・・・・・・・・・・・・・・・・・・・・・・・・

　贈与税の申告後の継続届出書について、租税特別措置法第70条の６の８第
９項において規定されており、その内容は要約すると以下のとおりです。

　特例贈与報告基準日（贈与税申告期限の翌日から３年を経過するごとの日をいう）
が存する場合には、届出期限（当該特例贈与報告基準日の翌日から３月を経過す
る日をいう）までに、政令で定めるところにより引き続いて個人版事業承継税
制の適用を受けたい旨及び特例受贈事業用資産に係る事業に関する事項を記
載した届出書を納税地の所轄税務署長に提出しなければならない。

ここでいう「政令で定めるところにより」は、租税特別措置法施行令第40条の7の8第28項に定められており、その内容を要約すると以下のとおりです。

　継続届出書には、引き続いて個人版事業承継税制の適用を受けたい旨及び次に掲げる事項を記載し、かつ、<u>財務省令で定める書類</u>を添付しなければならない。
① 特例事業受贈者の氏名及び住所
② 贈与者から特例受贈事業用資産の取得をした年月日
③ 特例受贈事業用資産に係る事業の所在地
④ 当該届出書を提出する直前の特例贈与報告基準日の属する年の前年以前の各年における特例受贈事業用資産に係る事業所得の総収入金額
⑤ その他<u>財務省令で定める事項</u>

　「財務省令で定める書類」は、租税特別措置法施行規則第23条の8の8第17項に定められており、以下のとおりです。

【第17項…財務省令で定める書類】
① 特例贈与報告基準日における特例受贈事業用資産である償却資産についての地方税法第393条に基づく価格決定通知書の写しその他の書類
② 特例贈与報告基準日の属する年の前年以前3年内の各年における特例受贈事業用資産に係る以下の書類
・当該事業に係る貸借対照表及び損益計算書
・特例受贈事業用資産とその他の資産の内訳を記載した書類でその特例受贈事業用資産が上記貸借対照表に計上されていることを明らかにするもの
③ その他参考となるべき書類

　また、「財務省令で定める事項」は、租税特別措置法施行規則第23条の8の8第18項に定められており、要約すると以下のとおりです。

【第18項…財務省令で定める事項】

① 特例贈与報告基準日（以下、この項において「基準日」という）における猶予されている贈与税額

② 基準日において特例事業受贈者が有する特例受贈事業用資産の明細及びその贈与者の氏名

③ 特例受贈事業用資産に係る事業（以下、この項において「当該事業」という）についての次の事項

・基準日の属する年の前年12月31日における次の金額、その明細及び次に掲げる割合

　イ　当該事業に係る貸借対照表に計上されている総資産の帳簿価額の総額

　ロ　当該事業に係る貸借対照表に計上されている特定資産（現金、預貯金その他の資産であって財務省令で定めるものをいう。26頁参照）の帳簿価額の合計額

　ハ　その日以前5年以内において、特例事業受贈者と政令で定める特別の関係がある者（以下この項において「特別関係者」という）が特例事業受贈者から受けた必要経費不算入対価等（特別関係者に対して支払われた対価又は給与の金額であって当該特例事業受贈者の事業所得の金額の計算上、必要経費に算入されないものとして政令で定めるものをいう。以下この項において同じ）の合計額

　ニ　上記イ及びハに掲げる金額の合計額に対するロ及びハに掲げる金額の合計額の割合（＝資産保有型事業に該当するか否かの判定割合）

・基準日の属する年の前年における租税特別措置法第70条の6の8第2項第5号の総収入金額、運用収入の合計額、これらの明細及び同号の割合（＝資産運用型事業に該当するか否かの判定割合）

・基準日の直前の特例贈与報告基準日の翌日から当該基準日までの間に租税特別措置法施行令第40条の7の8第14項ただし書（＝事業資金の借入等により資産保有型事業の判定割合が70％以上になったこと）又は第17項ただし書き（＝資金調達のため特定資産を売却したこと等により資産運用型事業の判定割合が75％以上になったこと）に規定する場合に該当することとなった場合には、次に掲げる事項

　イ　租税特別措置法施行令第40条の7の8第14項ただし書又は第17項

ただし書に規定する事由の詳細及びこれらの事由の生じた年月日

ロ　租税特別措置法施行令第40条の7の8第14項ただし書の割合を70％未満に減少させた事情又は同条第17項ただし書の割合を75％未満に減少させた事情の詳細及びこれらの事情の生じた年月日

④　基準日の直前の特例贈与報告基準日の翌日から当該基準日までの間に特例事業受贈者につき租税特別措置法第70条の6の8第4項の規定により納税の猶予に係る期限が確定した猶予中贈与税額がある場合には、同項に該当した旨及び該当した日並びに当該猶予中贈与税額及びその計算の明細

⑤　基準日において特例事業受贈者が有する特例受贈事業用資産の全部又は一部が贈与者の免除対象贈与により取得をしたものである場合（当該基準日の直前の特例贈与報告基準日の翌日から当該基準日までの間に特例受贈事業用資産の明細につき変更があった場合に限る）には、当該基準日における特例受贈事業用資産の明細

⑥　租税特別措置法第70条の6の8第18項の規定（特例事業受贈者について民事再生計画の認可が決定された場合又は中小企業再生支援協議会の支援による再生計画が成立した場合において資産評定が行われたとき）の適用を受けた場合（基準日の直前の特例贈与報告基準日の翌日から当該基準日までの間に同条第21項の規定による再計算免除贈与税の額の通知があった場合に限る）には、その旨、同条第18項に規定する認可決定日及び同項に規定する再計算免除贈与税の額

⑦　その他参考となるべき事項

7 切替確認とは?

贈与税の個人版事業承継税制の適用を受けていますが、先日、先代経営者が亡くなりました。切替確認という手続きが必要と聞きましたが、内容を教えてください。

「切替確認」とは、贈与税の納税猶予制度の適用を受けている後継者に対し、その贈与をした贈与者の相続が開始した場合において、租税特別措置法の規定により、相続又は遺贈により取得したものとみなされた特例受贈事業用資産に係る相続税につき相続税の納税猶予制度の適用を受けるための前提となる手続きです。

・・・・・・・・・・・・・・・・・・・・・ 解　説 ・・・・・・・・・・・・・・・・・・・・・

🔳 切替確認が必要な背景

　なぜ切替確認という手続きが必要なのか、それは贈与税の個人版事業承継税制と相続税との関係に起因しており、その関係性については財務省の「令和元年度税制改正の解説」(528頁)において次のように解説されています。

個人の事業用資産についての贈与税の納税猶予（措法70の6の8）は、贈与者の死亡時に相続税で調整することを前提に、贈与に係る特定事業用資産に対する贈与税を実質的に課税しないものであることから、贈与者が死亡した場合には、それまで納税が猶予されていた贈与税を免除し、その贈与税額に対応する特例受贈事業用資産を贈与者から相続等によって取得したものとみなして課税することとされました。

　このような背景から、個人版事業承継税制によって猶予されていた贈与税は相続税にスライドされます。ただ、ここで多額の相続税を負担することになっては事業の継続に支障をきたすことになりますので、相続税の個人版事業承継税制を受けられるように手当てがされています。その際、無条件で個人版事業承継税制を適用できるわけではなく、入口にあたる贈与税の個人版事業承継税制と同様に適用要件を満たすことが必要であり、その確認が切替確認という手続きなのです。

❷ 切替確認が必要な３パターン

　切替確認手続きが必要なのは下記の場合です。①が上記で述べた「贈与税から相続税への切替」ですが、同様の趣旨から②及び③においても手続きが必要となります。

① 　個人版事業承継税制の適用を受けている後継者について、その贈与者の相続が発生した場合

② 　個人版事業承継税制の適用を受けている後継者が、さらに次の後継者にこの制度の適用を受ける贈与（免除対象贈与）をした場合

③ 　個人版事業承継税制の適用を受けている後継者が、特定申告期限※の翌日から５年を経過する日後に、会社の設立に伴う現物出資により全ての特例受贈事業用資産を移転し、その移転につき租税特別措置法第70条の6の8第6項に規定する税務署長の承認を受けた場合（法人成り）

…この場合において、その贈与をした贈与者の相続が開始したときは、当該現物出資に係る会社が、切替確認を受けることができます。

 ※　特定申告期限とは、個人版事業承継税制の最初の適用を受ける贈与税の申告期限又は相続税の申告期限のいずれか早い日をいいます(42頁参照)。

3 切替確認における注意点

①　複数の後継者がいる場合

　贈与税の個人版事業承継税制の適用を受ける後継者が複数いる場合、その後継者ごとに相続税の個人版事業承継税制の適用要件を満たしているかのチェックが必要ですので、切替確認は後継者ごとに行う必要があります。

②　免除対象贈与を行った場合

　後継者（2代目）が先代事業者（1代目）の生きているうちに、次の後継者（3代目）に免除対象贈与を行った場合で、先代事業者（1代目）の相続が発生したときは、3代目が相続又は遺贈により先代事業者（1代目）から取得したものとみなして相続税を計算するため、1代目からの贈与について個人版事業承継税制の適用を受けた2代目ではなく3代目が切替確認の手続きを行う必要があります。

③　適用期限との関係

　第Ⅲ章　概要編　2で解説したとおり、個人版事業承継税制は令和10年12月31日までの贈与又は相続等について適用されるという適用期限がありますが、贈与税の個人版事業承継税制を受けている場合には、贈与者の相続の発生が令和11年以降になったとしても、相続税の個人版事業承継税制の適用を受けることができます。

（例）　令和元年に贈与税の個人版事業承継税制の認定を受けた後、令和22年に贈与者の相続が発生したとしても、当該相続税については相続税の個人版事業承継税制の適用を受けることができます。

8 ▶ 都道府県知事への報告

Q

切替確認を受けるために都道府県知事へ報告する
書式について教えてください。

A

以下に様式を掲載します。また、「切替確認」を受けるための要件についても説明します。

・・・・・・・・・・・・・・・・・・・・・・・ 解　　説 ・・・・・・・・・・・・・・・・・・・・・・・

🟦 通常の切替

① **切替確認を受けるための要件**

切替確認を受けるための要件は以下のとおりです（円滑化法施行規則13⑥）。

イ　当該相続の開始の時において、当該認定に係る贈与により取得した特定事業用資産に係る事業が資産保有型事業に該当しないこと。

ロ　当該相続の開始の日の翌日の属する年の前年において、当該認定に係る贈与により取得した特定事業用資産に係る事業が資産運用型事業に該当しないこと。

ハ　当該相続の開始の時において、当該認定に係る贈与により取得した特定事業用資産に係る事業が性風俗特殊関連営業に該当しないこと。

ニ　当該相続の開始の日の翌日の属する年の前年において、当該認定に係る贈与により取得した特定事業用資産に係る事業の総収入金額が零を超

えること。

ホ　当該相続の開始の時において、当該第一種贈与認定個人事業者等が青色申告の承認を受けている又は受ける見込みであること。

②　申請期限及び申請様式

　切替確認を受けようとする後継者は、贈与税の個人版事業承継税制に係る贈与者である中小企業者の相続の開始の日の翌日から8ヶ月を経過する日までに、「様式第17の2」による申請書（110頁参照）に、当該申請書の写し及び次に掲げる書類を添付して、都道府県知事に提出しなければなりません（円滑化法施行規則13⑦）。

イ　当該相続の開始の日の翌日の属する年の前年における青色申告書及びこれに添付する貸借対照表及び損益計算書その他の明細書の写し

ロ　当該相続の開始の時において、当該特定事業用資産に係る事業が性風俗特殊関連営業に該当しない旨の誓約書

ハ　当該相続の開始の時における当該第一種贈与認定個人事業者等及び当該他の個人である中小企業者の住民票の写し

ニ　イ〜ハに掲げるもののほか、①　**切替確認を受けるための要件**の確認の参考となる書類

（出所）経済産業省「- 経営承継円滑化法 -【個人版事業承継税制の前提となる経営承継円滑化法の認定申請マニュアル】2019年4月施行」より抜粋

❷ 生計一親族等からの贈与についての切替確認

　第二種贈与として生計一親族等から特定事業用資産の贈与を受け、贈与税の納税猶予の適用を受けている後継者について、当該生計一親族等の相続が開始した場合における切替確認を受けるための要件、申請期限及び申請様式は、上記❶と同じです（円滑化法施行規則13⑧）。

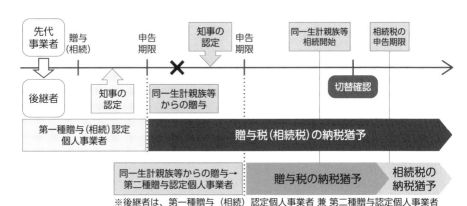

（出所）経済産業省「- 経営承継円滑化法 -【個人版事業承継税制の前提となる経営承継円滑化法の認定申請マニュアル】2019年4月施行」より抜粋

❸ 法人成り後の切替確認

① 切替確認を受けるための要件

　贈与税の納税猶予の適用を受けている第一種贈与認定個人事業者等又は第二種贈与認定個人事業者等について、当該贈与に係る贈与者の相続が開始した場合における切替確認を受けるための要件は以下のとおりです（円滑化法施行規則13⑨⑩）。

　　イ　租税特別措置法第70条の6の8第6項又は第70条の6の10第6項に規定する承認を受けていること(現物出資に係る承認…**第Ⅲ章　贈与編　13参照**)。

　　ロ　当該相続の開始の時において、法人成りした会社が風俗営業会社に該当しないこと。

　　ハ　当該相続の開始の時において、法人成りした会社が資産保有型会社に

該当しないこと。

　ニ　当該相続の開始の日の翌日の属する事業年度の直前の事業年度において、法人成りした会社が資産運用型会社に該当しないこと。

　ホ　当該相続の開始の日の翌日の属する事業年度の直前の事業年度において、法人成りした会社の総収入金額が零を超えること。

② **申請期限及び申請様式**

　切替確認を受けようとする第一種贈与認定個人事業者等又は第二種贈与認定個人事業者等は、贈与税の個人版事業承継税制に係る贈与者である中小企業者の相続の開始の日の翌日から８ヶ月を経過する日までに、「様式第17の３」による申請書（114頁参照）に、当該申請書の写し及び次に掲げる書類を添付して、都道府県知事に提出しなければなりません（円滑化法施行規則13⑩⑪）。

　イ　登記事項証明書（当該相続の開始の日以後に作成されたものに限ります）

　ロ　当該会社の当該相続の開始の日の翌日の属する事業年度の直前の事業年度の貸借対照表、損益計算書、株主資本等変動計算書、個別注記表及び事業報告並びにこれらの附属明細書

　ハ　当該相続の開始の時において、当該会社が風俗営業会社に該当しない旨の誓約書

　ニ　租税特別措置法第70条の６の８第６項又は第70条の６の10第６項に規定する承認を受けたことを証する書類

４ 切替確認を受けない場合

　贈与者の相続が発生した場合で切替確認を受けないときには、相続又は遺贈により取得したとみなされた特例受贈事業用資産について、相続税の納税猶予制度の適用を受けることはできません。

施行規則第13条第7項の規定による確認申請書

(切替確認書)

年　　月　　日

都道府県知事　殿

郵便番号
会社所在地
電話番号
氏　　名　　　　　　　　　印

　中小企業における経営の承継の円滑化に関する法律施行規則第13条第6項(当該規定が準用される場合を含む。)の規定により、以下の確認を受けたいので、下記のとおり申請します。

記

1　申請者の種別について

申請者の種別	□第一種贈与認定個人事業者等	□第二種贈与認定個人事業者等
認定年月日及び番号		年　　月　　日(　　　号)

2　当該贈与認定個人事業者等について

氏名	
住所	
先代事業者の相続の開始の直前における先代事業者との関係	□直系卑属 □直系卑属以外の親族 □親族外
主たる事業内容	
先代事業者の相続の開始の日	年　　月　　日
当該相続の開始の日の常時使用する従業員数	人

先代事業者の相続の開始の日の翌日の属する年の前年における特定個人事業資産等に係る明細表

種別		内容	利用状況	帳簿価額	運用収入
有価証券				(1)　　　円	(10)　　　円
不動産	現に自ら使用しているもの			(2)　　　円	(11)　　　円
	現に自ら使用していないもの			(3)　　　円	(12)　　　円
ゴルフ場その他の施設の利用に関する権利	販売することを目的として有するもの			(4)　　　円	(13)　　　円
	販売することを目的としないで有するもの			(5)　　　円	(14)　　　円
絵画、彫刻、工芸品その他の有形の文化的所産である動産、貴金属及び宝石	販売することを目的として有するもの			(6)　　　円	(15)　　　円
	販売することを目的としないで有するもの			(7)　　　円	(16)　　　円
現金、預貯金等	現金及び預貯金その他これらに類する資産			(8)　　　円	(17)　　　円
	贈与認定個人事業者等及び特別関係者に対する貸付金及び未収金その他これらに類する資産			(9)　　　円	(18)　　　円

特定個人事業資産の帳簿価額の合計額	(19)=(1)+(3)+(5)+(7)+(8)+(9)　　　円	特定個人事業資産の運用収入の合計額	(21)=(10)+(12)+(14)+(16)+(17)+(18)　　　円
資産の帳簿価額の総額	(20)　　　円	総収入金額	(22)　　　円
施行規則第1条第26項第3号に規定する必要経費不算入対価等		必要経費不算入となる対価又は給与	(23)　　　円
特定個人事業資産の帳簿価額等の合計額	(24)=((19)+(23))/((20)+(23))	特定個人事業資産の運用収入の	(25)=(21)/(22)

			合計額が総収入	
が資産の帳簿価額等の総額に対する割合		％	金額に占める割合	％

3 やむを得ない事由により資産保有型事業又は資産運用型事業に該当した場合

該当した日	年　　　月　　　日
その事由	
解消見込時期	年　　　月頃

（備考）

① 用紙の大きさは、日本工業規格 A4 とする。

② 記名押印については、署名をする場合、押印を省略することができる。

③ 本様式における第一種贈与認定個人事業者等に係る規定は、第二種贈与認定個人事業者等について準用する。なお、本様式において「贈与認定個人事業者等」とある場合は、報告者の種別に合わせてそれぞれ対応する語句に読み替えるものとする。

④ 報告書の写し及び施行規則第 13 条第 7 項各号（当該規定が準用される場合を含む。）に掲げる書類を添付する。

（記載要領）

① 単位が「％」の欄は小数点第 1 位までの値を記載する。

② 「先代事業者の相続の開始の日」については、贈与認定個人事業者が有する特定事業用資産を法第 12 条第 1 項の認定に係る贈与をした先代事業者のうち最も古い時期に当該贈与認定個人事業者が有する特定事業用資産を法第 12 条第 1 項の認定に係る受贈をした者に、贈与をした者の相続の開始の日を記載する。

③ 「先代事業者の相続の開始の日の翌日の属する年の直前の年末以前の 1 年間における特定個人事業資産等に係る明細表」については、申請者の随時報告基準日の属する年の前年における特定事業用資産の事業所得に係る青色申告書の貸借対照表に計上されている資産の金額を記載する。

④ 「特定個人事業資産等」又は「運用収入」については、該当するものが複数ある場合には同様の欄を追加して記載する。

⑤ 「施行規則第 1 条第 26 項第 3 号に規定する必要経費不算入対価等」については、申請者の特定事業用資産に係る事業に従事したことその他の事由により特別関係者（同条第 25 項に掲げる者をいう。）が当該申請者から支払いを受けた対価又は給与のうち、所得税法第 56 条又は第 57 条の規定により、申請者の事業所得の計算上損金の額に算入されるもの以外の額を記載する。

⑥ 「やむを得ない事由により資産保有型事業又は資産運用型事業に該当した場合」に

ついては、その該当した日、その理由及び解消見込時期を記載する。

様式第 17 の 3

施行規則第 13 条第 10 項の規定による確認申請書
（法人成りをした場合における切替確認書）

年　　月　　日

都道府県知事　殿

郵便番号

会社所在地

電話番号

氏　　名　　　　　　　　印

　中小企業における経営の承継の円滑化に関する法律施行規則第 13 条第 9 項（当該規定が準用される場合を含む。）の規定により、以下の確認を受けたいので、下記のとおり申請します。

記

1　申請者の種別について

申請者の種別	□第一種贈与認定個人事業者等　　　　□第二種贈与認定個人事業者等	
認定年月日及び番号		年　　月　　日（　　　号）

2　贈与認定個人事業者等について

氏名	
住所	
先代事業者の相続の開始の直前における先代事業者との関係	□直系卑属 □直系卑属以外の親族 □親族外
先代事業者の相続の開始の日	年　　月　　日
租税特別措置法第 70 条の 6 の 8 第 6 項又は第 70 条の 6 の 10 第 6 項に規定する承認	□有（　　　年　　月　　日承認） □無

3 贈与認定個人事業者等が特定事業用資産を現物出資することで設立された会社について

現物出資を行った日	年 月 日
主たる事業内容	
資本金の額又は出資の総額	円
当該相続の開始の日の常時使用する従業員数	人

先代事業者の相続の開始の日の翌日の属する事業年度の直前の事業年度（ 年 月 日から 年 月 日まで）における特定資産等に係る明細表

	種別	内容	利用状況	帳簿価額	運用収入
有価証券	特別子会社の株式又は持分（(*1)を除く。）			(1) 円	(12) 円
	資産保有型子会社又は資産運用型子会社に該当する特別子会社の株式又は持分(*1)			(2) 円	(13) 円
	特別子会社の株式又は持分以外のもの			(3) 円	(14) 円
不動産	現に自ら使用しているもの			(4) 円	(15) 円
	現に自ら使用していないもの			(5) 円	(16) 円
ゴルフ場その他の施設の利用に関する権利	事業の用に供することを目的として有するもの			(6) 円	(17) 円
	事業の用に供することを目的としないで有するもの			(7) 円	(18) 円
絵画、彫刻、工芸品その他の有形の文化的所産である動産、貴金属及び宝石	事業の用に供することを目的として有するもの			(8) 円	(19) 円
	事業の用に供することを目的としないで有するもの			(9) 円	(20) 円
現金、預貯金等	現金及び預貯金その他これらに類する資			(10) 円	(21) 円

115

	産				
	当該贈与認定個人事業者等及び当該贈与認定個人事業者等に係る特別関係者（施行規則第1条第25項に掲げる者をいう。）に対する貸付金及び未収金その他これらに類する資産			(11) 円	(22) 円

特定資産の帳簿価額の合計額	(23)=(2)+(3)+(5)+(7)+(9)+(10)+(11) 円	特定資産の運用収入の合計額		(28)=(13)+(14)+(16)+(18)+(20)+(21)+(22) 円
資産の帳簿価額の総額	(24)　　　　　円	総収入金額		(29)　　　　　円
先代事業者の相続の開始の日の翌日の属する事業年度の直前の事業年度終了の日以前の5年間に当該認定個人事業者等及び当該認定個人事業者等に係る特別関係者に対して当該会社から支払われた剰余金の配当等及び損金不算入となる給与の金額		剰余金の配当等		(25) 円
		損金不算入となる給与		(26) 円
特定資産の帳簿価額等の合計額が資産の帳簿価額等の総額に対する割合	(27)=((23)+(25)+(26))/((24)+(25)+(26)) 　　　　　%	特定資産の運用収入の合計額が総収入金額に占める割合		(30)=(28)/(29) 　　　　　%
総収入金額（営業外収益及び特別利益を除く。）				円

4　やむを得ない事由により資産保有型会社又は資産運用型会社に該当した場合

該当した日	年　　　月　　　日
その事由	
解消見込時期	年　　　月頃

5　相続の開始の時における特別子会社について

区分	特定特別子会社に　該当 / 非該当
会社名	

会社所在地				
主たる事業内容				
総株主等議決権数		(a)		個
株主又は社員	氏名（会社名）	住所（会社所在地）	保有議決権数及びその割合	
			(b)	個
			(b)/(a)	％

（備考）

① 用紙の大きさは、日本工業規格 A4 とする。

② 記名押印については、署名をする場合、押印を省略することができる。

③ 本様式における第一種贈与認定個人事業者等に係る規定は、第二種贈与認定個人事業者等について準用する。なお、本様式において「認定個人事業者等」、「先代事業者」又は「特定事業用資産」とある場合は、報告者の種別に合わせてそれぞれ対応する語句に読み替えるものとする。

④ 報告書の写し及び施行規則第13条第10項各号（当該規定が準用される場合を含む。）に掲げる書類を添付する。

（記載要領）

① 単位が「％」の欄は小数点第1位までの値を記載する。

② 「先代事業者の相続の開始の日」については、贈与認定個人事業者等が有する特定事業用資産を法第12条第1項の認定に係る贈与をした先代事業者のうち最も古い時期に当該贈与認定個人事業者等が有する特定事業用資産を法第12条第1項の認定に係る受贈をした者に、贈与をした者の相続の開始の日を記載する。

③ 「先代事業者の相続の開始の日の翌日の属する事業年度の直前の事業年度における特定資産等に係る明細表」については、当該贈与認定個人事業者等が所有する特定事業用資産を現物出資することで設立された会社の貸借対照表に計上されている資産の金額を記載する。

④ 「特定資産等」又は「運用収入」については、該当するものが複数ある場合には同様の欄を追加して記載する。

⑤ 「損金不算入となる給与」については、法人税法第34条及び第36条の規定により申請者の各事業年度の所得の金額の計算上損金の額に算入されないこととなる給与（債務の免除による利益その他の経済的な利益を含む。）の額を記載する。（施行規則第6条第2項の規定によりそれぞれに該当しないものとみなされた場合には空欄とする。）

⑥ 「総収入金額（営業外収益及び特別利益を除く。）」については、会社計算規則（平

成 18 年法務省令第 13 号）第 88 条第 1 項第 4 号に掲げる営業外収益及び同項第 6
号に掲げる特別利益を除いて記載する。

⑦　「やむを得ない事由により資産保有型会社又は資産運用型会社に該当した場合」に
ついては、その該当した日、その理由及び解消見込時期を記載する。

9 ▷ 個人事業承継計画の作成

相続税の個人版事業承継税制の適用を受ける場合
も、やはり最初に個人事業承継計画の作成が必要
なのでしょうか？

相続税の個人版事業承継税制の適用を受ける場合も、最初に個人事業承
継計画の作成が必要となります。贈与税の個人版事業承継税制と同じく、
以下の点がポイントとなります。

―――――――――――――――― 解　説 ――――――――――――――

個人事業承継計画作成上のポイントは以下のとおりです。

① 計画の提出先は「先代事業者の主たる事務所所在地」を管轄する都道
府県庁です。

② 計画提出は平成31年4月1日から令和6年3月31日まで可能です。
個人版事業承継税制は、平成31年1月1日から令和10年12月31日まで
の贈与又は相続等について適用される10年間の時限立法措置ですが、計
画提出の期限はその5年以上前であることに注意が必要です。

③ 計画の作成・提出は先代事業者の相続の開始以後でも可能です（突然
生じた相続についても個人版事業承継税制の適用は可能であるということです）。

④ 一度作成した計画を変更することもできます（本章贈与編 3参照）。

⑤　先代事業者の申請直前の年の青色申告書、その青色申告書に添付される貸借対照表及び損益計算書その他の明細書の写しの添付が必要です。

　個人事業承継計画のひな型及び記載例は、**本章贈与編　1**を参照してください。

10 ▶ 認定経営革新等支援機関による指導及び助言

Q

相続税の個人版事業承継税制においても、個人事業承継計画に認定経営革新等支援機関の所見を記載してもらう必要があるのでしょうか？

相
続
編

A

はい。この点も贈与税の個人版事業承継税制と同じです。

・・・・・・・・・・・・・・・・・・・ 解　説 ・・・・・・・・・・・・・・・・・・・

　認定経営革新等支援機関とはどういった団体であるかについては、**本章贈与編　2**において述べました。事前にプランを練って計画的に実行する贈与と異なり、相続税の場合には"計画して"相続を迎えるということは実務上考えにくいので、個人事業承継計画の作成・提出は先代事業者の相続の開始後になるケースがほとんどだと考えられます（前項9の**解説**③）。

　「相続開始から10ヶ月以内」というもともとタイトである相続税の申告期限の中で、個人事業承継計画の作成・提出など様々な手続きを行っていくことは後継者・相続人にとってかなりの負担となることが考えられます。その意味では、贈与税の個人版事業承継税制の適用場面と比較して、相続税の個人版事業承継税制においては、認定経営革新等支援機関に求められる役割はより大きいものと考えます。先代経営者が築いてきた事業の構成要素（ヒト・モノ・カネ）や後継者の事業に対する考えなどを客観的に理解・把握する"Cool head"と、突然生じた相続に直面する遺族の心情に寄り添う"Warm heart"を持ち合わせた専門家としての認定経営革新等支援機関が、個人事業承継計画への所見記載にとどまらず、長く事業承継に携わっていくことが、理想的な事業承継の第一歩につながるものと考えます。

11 都道府県知事への認定申請書類の作成

都道府県知事への認定申請書類について教えてく
ださい。

「相続開始日の翌日から5ヶ月を経過する日（第一種相続申請基準日）」か
ら「相続開始日から8ヶ月を経過する日」までの間に、個人事業承継者
の主たる事務所の所在地を管轄する都道府県知事へ認定申請を行う必要
があります。

・・・・・・・・・・・・・・・・・・・・・ 解　説 ・・・・・・・・・・・・・・・・・・・・・

① 都道府県知事への認定申請とは

　贈与税の個人版事業承継税制同様、個人事業承継計画の確認は、「個人
版事業承継税制の適用を受けるつもりがあるか」という、意思確認の手続
きですが、この項で解説する都道府県知事への認定申請は、**第Ⅲ章 相続編
17・18**で解説した適用要件を満たしているか、という条件面の確認手続き
と位置付けられます。

② 申請期限

　都道府県知事への認定申請は、「相続開始日の翌日から5ヶ月を経過する
日（第一種相続申請基準日）」から「相続開始日から8ヶ月を経過する日」ま

での間に、個人事業承継者の主たる事務所の所在地を管轄する都道府県知事へ認定申請を行う必要があります。

第一種相続申請基準日は認定基準を満たしているか否かを判定する基準となる日であり、相続開始日の翌日から5ヶ月を経過する日と定められています。第一種贈与申請基準日は、原則、贈与日が1月1日から10月15日までの場合は10月15日（贈与日が10月16日から12月31日までの場合であれば贈与日）ですので、相続・贈与いずれも申告期限の5ヶ月前の日を認定基準日としていることになります。

3 認定申請書の様式

認定申請書の様式（様式第8の5）を126頁に掲載します。**第Ⅲ章 相続編 17・18**で解説した適用要件、また本章贈与編 4にて解説した認定申請書（様式第7の5）（88頁）と見比べながら確認してみてください。

贈与編の認定申請書（様式第7の5）同様、「（別紙）先代事業者の特定個人事業資産等について」は貸借対照表などを確認しながら記載することになるため、手間がかかるところです。承継する事業が**第Ⅲ章 概要編 4・5**で述べた資産保有型事業及び資産運用型事業に該当しないかを確認するためであり、相続税の場合、事業を主宰していた先代事業者が亡くなっていることから、贈与の場合と比較して更に特定個人事業資産等の精査に時間がかかることが想定されます。この認定申請時ではなく、前段階の個人事業承継計画の確認時にチェックしておきたいところです。

認定申請時に提出が必要な書類は下記のとおりです。
① 認定申請書（原本1部、写し1部）
② 遺言書又は遺産分割協議書の写し及び相続税額の見込額を記載した書類（相続税の見込額及び納税猶予見込税額を記載した書類、様式自由であり、相続税申告書第1表、第8の2表及びその付表、第11表でも可）

③　開業の届出書の写し

④　青色申告の承認の申請書の写し又は青色申告の承認の通知の写し

⑤　先代事業者の相続開始日の属する年の前年・前々年の青色申告書及び青色申告決算書の写し

⑥　認定経営革新等支援機関の確認を受けたことを証する書面

⑦　個人事業承継者が相続開始の直前において事業従事していたことを証する書面（誓約書。贈与の場合の認定申請と異なり、先代事業者が60歳未満で死亡した場合にはこの誓約書の提出は不要です）

⑧　性風俗関連特殊営業に該当しない旨の誓約書

⑨　先代事業者及び個人事業承継者の住民票の（除票の）写し（原本）

⑩　個人事業承継計画又はその確認書の写し

⑪　その他、認定の参考となる書類

　　…前年から相続等の時までの間の資産及び負債について著しい増減があった場合等には、その年から相続等の時までの試算表などの提出を求められる場合があります。また、その他認定の判断ができない場合、参考資料の提出を求められることがあります。

⑫　返信用封筒

様式第8の5

第一種相続認定個人事業者に係る認定申請書

年　　月　　日

都道府県知事　　殿

郵便番号
住　　所
電話番号
氏　　名　　　　　　　　　印

　中小企業における経営の承継の円滑化に関する法律第12条第1項の認定（同法施行規則第6条第16項第8号の事由に係るものに限る。）を受けたいので、下記 のとおり申請します。

記

1　個人事業承継計画の確認について

施行規則第17条第1項第3号の確認（施行規則第18条第7項又は第8項の変更の確認をした場合には変更後の確認）に係る確認事項	確認の有無		□有 □無（本申請と併せて提出）
	「有」の場合	確認の年月日及び番号	年　　月　　日（　　　号）
		先代事業者の氏名	
		個人事業後継者の氏名	

2　第一種相続認定を受けようとする事業について

相続開始時の常時使用する従業員の数	人	主たる事業内容	

3　被相続人及び第一種相続認定申請個人事業者について

相続開始日	年　　月　　日
第一種相続申請基準日	年　　月　　日
相続税申告期限	年　　月　　日

被相続人	氏名	
	最後の住所	
	相続の開始の時の年齢	
	相続開始日の属する年、その前年及びその前々年における青色申告書の提出の有無	□有　□無
第一種相続認定申請個人事業者	氏名	
	住所	
	相続開始日における年齢	
	相続時における被相続人との関係	□直系卑属 □直系卑属以外の親族 □親族外
	開業の届出書の提出の有無	□有 （　　　年　　　月　　　日提出） □無
	相続の直前における当該特定事業用資産に係る事業又はこれと同種若しくは類似の事業への従事の有無	□有 （　　　年　　　月　　　日から従事） □無
	青色申告の承認の申請書の提出の有無	□有 （　　　年　　　月　　　日提出） □無
	下記の事項についての認定経営革新等支援機関の確認の有無	□有 （　　　年　　　月　　　日確認） □無
	被相続人が営んでいたその事業に係る特定事業用資産の全て(*1)を相続又は遺贈により取得していること	
	第一種相続申請基準日まで、(*1)のうち租税特別措置法70条の6の10第1項の適用を受けようとする特定事業用資産の全部を有し、かつ自己の事業の用に供している又は供する見込みであること	

（備考）

① 用紙の大きさは、日本工業規格 A4 とする。

② 記名押印については、署名をする場合、押印を省略することができる。

③ 申請書の写し（別紙を含む）及び施行規則第 7 条第 10 項各号に掲げる書類を添付する。

④ 「施行規則第 17 条第 1 項第 3 号の確認（施行規則第 18 条第 7 項又は第 8 項の変更の確認をした場合には変更後の確認）に係る確認事項」については、当該確認を受けていない場合には、本申請と併せて施行規則第 17 条第 4 項に定める書類を添付する。また、施行規則第 18 条第 7 項又は第 8 項に定める変更をし、当該変更後の確認を受けていない場合には、本申請と併せて同条第 9 項の規定により読み替えられた前条第 4 項に定める書類を添付する。

(別紙)

先代事業者の特定個人事業資産等について

先代事業者の相続発生年の前年における特定個人事業資産等に係る明細表					
種別		内容	利用状況	帳簿価額	運用収入
有価証券				(1)　　円	(10)　　円
不動産	現に自ら使用しているもの			(2)　　円	(11)　　円
	現に自ら使用していないもの			(3)　　円	(12)　　円
ゴルフ場その他の施設の利用に関する権利	販売することを目的として有するもの			(4)　　円	(13)　　円
	販売することを目的としないで有するもの			(5)　　円	(14)　　円
絵画、彫刻、工芸品その他の有形の文化的所産である動産、貴金属及び宝石	販売することを目的として有するもの			(6)　　円	(15)　　円
	販売することを目的としないで有するもの			(7)　　円	(16)　　円
現金、預貯金等	現金及び預貯金その他これらに類する資産			(8)　　円	(17)　　円
	先代事業者及び特別関係者（施行規則第1条第25項に掲げる者をいう。）に対する貸付金及び未収金その他これらに類する資産			(9)　　円	(18)　　円
特定個人事業資産の帳簿価額の合計額	(19)=(1)+(3)+(5)+(7)+(8)+(9)　　円		特定個人事業資産の運用収入の合計額	(21)=(10)+(12)+(14)+(16)+(17)+(18)　　円	
資産の帳簿価額の総額	(20)　　円		総収入金額	(22)　　円	

相続編

129

特定個人事業資産の帳簿価額等の合計額が資産の帳簿価額等の総額に対する割合	(23)=(19)/(20) %	特定個人事業資産の運用収入の合計額が総収入金額に占める割合	(24)=(21)/(22) %

やむを得ない事由により資産保有型事業又は資産運用型事業に該当した場合

該当した日	年　　　月　　　日
その事由	
解消見込時期	年　　　月頃

（記載要領）

① 単位が「%」の欄は小数点第1位までの値を記載する。

② 「先代事業者の相続発生年の前年における特定個人事業資産等に係る明細表」については、被相続人が営んでいた特定事業用資産に係る事業の相続発生年の前年における青色申告書の貸借対照表に計上されていた資産の金額を記載する。

③ 「特定個人事業資産」又は「運用収入」については、該当するものが複数ある場合には同様の欄を追加して記載する。

④ 申請者が施行規則第6条第17項に該当する場合には、「相続開始」を「贈与」と、「相続の直前における当該特定事業用資産に係る事業又はこれと同種の事業への従事の有無」を「贈与の日前3年以上にわたる当該特定事業用資産に係る事業又はこれと同種の事業への従事の有無」と読み替える。

⑤ 「やむを得ない事由により資産保有型事業又は資産運用型事業に該当した場合」については、その該当した日、その理由及び解消見込時期を記載する。

12 相続税の申告・担保提供

相続税申告時には何を税務署に提出すればよいの
でしょうか？ また、担保の提供も求められると
聞きましたが、その方法を教えてください。

相続開始の日の翌日から 10 ヶ月以内に、後継者の住所地を所轄する税
務署へ相続税申告を行う必要があります。その際、都道府県知事の認定
書その他必要書類の添付が必要です。また、納税猶予される相続税額及
び利子税の額に見合う担保を税務署に提供する必要があります。

・・・・・・・・・・・・・・・・・・・・・ 解 説 ・・・・・・・・・・・・・・・・・・・・・・・・

❶ 相続税申告

　相続税申告書に一定の書類を添付することが個人版事業承継税制の適用要
件の一つとなっています（措法70の6の10⑨、措規23の8の9⑭）。

　その書類のうち主なものは以下のとおりです。

①　特例事業相続人等に係る被相続人の死亡による相続の開始があったこ
　とを知った日その他参考となるべき事項を記載した書類

②　相続の開始があったことを知った日が当該相続の開始の日と異なる場
　合にあっては、特例事業相続人等が当該相続の開始があったことを知っ
　た日を明らかにする書類

③　遺言書の写し、遺産分割協議書（当該書類に当該相続に係る全ての共同相続人及び包括受遺者が自署し、自己の印を押しているものに限ります）の写し（印鑑証明書が添付されているものに限ります）その他の財産取得の状況を明らかにする書類

④　特例事業用資産（特定事業用資産のうち相続税の個人版事業承継税制の適用を受けるものをいいます）である償却資産についての地方税法第393条に基づく価格決定通知書の写しその他の書類

⑤　特例事業用資産である自動車に係る自動車検査証の写し

⑥　特例事業相続人等に係る被相続人が60歳以上で死亡した場合には、当該特例事業相続人等が相続開始の直前において特定事業用資産に係る事業に従事していた旨及びその事実の詳細を記載した書類

⑦　都道府県知事による認定書の写し及び認定申請書の写し

⑧　都道府県知事による個人事業承継計画に係る確認書の写し及び確認申請書の写し

⑨　被相続人から相続又は遺贈により租税特別措置法施行令第40条の2第5項（小規模宅地等についての相続税の課税価格の計算の特例）に規定する猶予対象宅地等、租税特別措置法第69条の4第1項（小規模宅地等についての相続税の課税価格の計算の特例）に規定する特例対象宅地等又は租税特別措置法施行令第40条の2第5項に規定する特例対象山林若しくは同項に規定する特例対象受贈山林を取得した個人が1人でない場合には、これらを取得した全ての個人の「相続税の個人版事業承継税制の規定の適用を受ける者の選択」についての同意を証する書類

なお、国税庁のホームページ※において「(平成31年1月分以降用) 個人の事業用資産についての相続税の納税猶予及び免除の適用要件及び提出書類チェックシート」が公表されています。このチェックシートを相続税申告書に添付することが求められており、実務上これによることで、提出書類の不備を防ぐことができます。チェックシートの様式を次頁に記載します。

　※　https://www.nta.go.jp/taxes/tetsuzuki/shinsei/annai/sozoku-zoyo/annai/r01pdf/c_a05.pdf

2 担保提供について

　贈与税の個人版事業承継税制と同様に、相続税の申告期限までに納税猶予分の相続税額及び利子税の額に相当する担保の提供が要件とされています (措法70の6の10①、措通70の6の10-9、70の6の10-10)。これらの内容は、**贈与編**と全く同じですので、本章**贈与編 5** を参照してください。

（平成31年1月分以降用）「個人の事業用資産についての相続税の納税猶予及び免除」の適用要件チェックシート

（はじめにお読みください。）
1　このチェックシートは、「個人の事業用資産についての相続税の納税猶予及び免除」（租税特別措置法第70条の6の10）の適用を受けるための適用要件を確認する際に使用してください。
2　「確認結果」欄の左側のみに○がある場合には、原則としてこの特例の適用を受けることができます。
3　このチェックシートは、申告書の作成に際して、この特例の適用を受ける者ごとに適用要件等を確認の上、申告書に添付してご提出ください。
4　「個人の事業用資産の贈与者が死亡した場合の相続税の納税猶予及び免除」（租税特別措置法第70条の6の10）の適用を受ける場合には、このチェックシートではなく、「個人の事業用資産の贈与者が死亡した場合の相続税の納税猶予及び免除」のチェックシートを使用してください。

相続人等（特例適用者）　　　　　　　　　　　　　被相続人氏名：

住　所

氏　名
　　　　電話　　　　（　　　　）

| 関与税理士 | 所在地 | | | | |
| | 氏名 | | | 電話 | |

項目		確認内容（適用要件）	確認結果		確認の基となる資料
被相続人	(1)	この特例の適用に係る相続開始の直前において特定事業用資産に係る事業を行っていた者に該当しますか。	はい		
	申告期限まで	○　その事業について、相続開始日の属する年、その前年及びその前々年の確定申告書を青色申告書（租税特別措置法第25条の2第3項の規定の適用に係るものに限ります。以下同じです。）により提出していますか。	はい	いいえ	○　確定申告書、青色申告決算書など
	(2)	(1)の場合以外の場合ですか。	はい		―
	相続開始の直前	①　特定事業用資産に係る事業を行っていた者に係るこの特例の適用に係る相続開始の直前又は「個人の事業用資産についての贈与税の納税猶予及び免除」の適用に係る贈与の直前において、その者と生計を一にする親族ですか。	はい	いいえ	
	相続開始の時	②　①の相続開始の時又は贈与の時後に開始した相続に係る被相続人ですか。	はい	いいえ	○　戸籍の謄本又は抄本など
後継者（相続人等）	相続開始の直前	○　その特定事業用資産に係る事業に従事していましたか（被相続人が60歳未満で死亡した場合には、「はい」に○をしてください。）。（注1） （業務の具体的内容等） 	はい	いいえ	―
	相続開始の時	①　特定事業用資産の取得が、平成31年1月1日から令和10年12月31日までの間の相続又は遺贈（以下「相続等」といいます。）による取得で、次のいずれかの取得ですか。 イ　最初のこの特例の適用に係る相続等による取得 ロ　イの取得の日から1年を経過する日までの相続等による取得(注2)	はい	いいえ	○　戸籍の謄本又は抄本など
		②　被相続人から特定事業用資産の全てを取得していますか。	はい	いいえ	○　青色申告決算書、相続税の申告書第8の6表の付表1など
		③　その事業が、資産保有型事業、資産運用型事業及び性風俗関連特殊営業のいずれにも該当していませんか。（注3）	はい	いいえ	○　認定書の写しなど
	相続開始の時から申告期限まで	○　特定事業用資産に係る事業を引き継ぎ、引き続きその特定事業用資産の全てを有し、かつ、自己の事業の用に供していますか。	はい	いいえ	○　登記事項証明書、青色申告決算書など

※　2面に続きます。

（1面からの続きです。）

項目			確認内容（適用要件）	確認結果		確認の基となる資料
後継者（相続人等）	申告期限まで		①　都道府県知事の円滑化法の認定を受けていますか。（注4）	はい	いいえ	○　認定書の写し
後継者（相続人等）	申告期限まで		②　中小事業者ですか	はい	いいえ	○　認定書の写し
後継者（相続人等）	申告期限まで		③　その事業について開業の届出書を提出していますか。	はい	いいえ	○　開業の届出書
後継者（相続人等）	申告期限まで		④　その事業について青色申告の承認を受けている又は承認を受ける見込みですか。（注5）	はい	いいえ	○　青色申告承認申請書
後継者（相続人等）	申告期限まで		⑤　被相続人から相続等により財産を取得した者が、租税特別措置法第69条の４第３項第１号に規定する特定事業用宅地等について同条第１項の規定の適用を受けていませんか。	はい	いいえ	○　相続税の申告書第11・11の２表の付表１など
後継者（相続人等）	申告期限まで		⑥　円滑化省令第17条第１項の確認（同項第３号に係るものに限り、円滑化省令第18条第７項の規定による変更の確認を受けたときは、その変更後のもの）を受けていますか。（注4）	はい	いいえ	○　確認書の写し
特定事業用資産	相続開始の直前	共通	①　次の区分に応じ、それぞれの日の属する年の前年分の事業所得に係る青色申告書の貸借対照表に計上されている資産ですか。 イ　被相続人が１面の(1)に該当する場合 　その被相続人の相続開始の日 ロ　被相続人が１面の(2)に該当する場合 　特定事業用資産に係る事業を行っていた者に係るこの特例の適用に係る相続開始の日又は「個人の事業用資産についての贈与税の納税猶予及び免除」の適用に係る贈与の日	はい	いいえ	○　青色申告決算書
特定事業用資産	相続開始の直前	共通	②　特定事業用資産に係る事業は、不動産貸付業、駐車場業及び自転車駐車場業に該当しませんか。	はい	いいえ	○　青色申告決算書
特定事業用資産	相続開始の直前	宅地等	①　土地又は土地の上に存する権利で、一定の建物又は構築物の敷地の用に供されていますか。（注6）	はい	いいえ	○　青色申告決算書、登記事項証明書など
特定事業用資産	相続開始の直前	宅地等	②　被相続人の事業の用に供されていた宅地等のうち棚卸資産に該当しない宅地等ですか。（注7）	はい	いいえ	○　青色申告決算書、登記事項証明書など
特定事業用資産	相続開始の直前	建物	○　被相続人の事業の用に供されていた建物のうち棚卸資産に該当しない建物ですか。（注7）	はい	いいえ	○　青色申告決算書、登記事項証明書など
特定事業用資産	相続開始の直前	減価償却資産	○　固定資産税の課税対象とされる資産など、租税特別措置法第70条の６の８第２項第１号ハに定める一定の減価償却資産に該当しますか。（注8）	はい	いいえ	○　固定資産税の通知書の写しなど

（注）1　「特定事業用資産に係る事業」には、その事業と同種又は類似の事業に係る業務や、その事業に必要な知識及び技能を習得するための高等学校、大学、高等専門学校その他の教育機関における修学を含みます。また、「業務の具体的内容等」の記載に当たっては、具体的に従事した期間、事業内容等を記載します。

2　「イの取得の日」は、後継者が、その事業に係る特定事業用資産について、最初に「個人の事業用資産についての贈与税の納税猶予及び免除」の適用を受けている場合には、その適用に係る贈与による取得の日となります。

3　「資産保有型事業」とは、租税特別措置法第70条の６の10第２項第４号において準用する同法第70条の６の８第２項第４号に規定する事業をいい、「資産運用型事業」とは、同法第70条の６の10第２項第５号において準用する同法第70条の６の８第２項第５号に規定する事業をいい、「性風俗関連特殊営業」とは、風俗営業等の規制及び業務の適正化等に関する法律第２条第５項に規定する性風俗関連特殊営業をいいます。

4　「円滑化法」とは、中小企業における経営の承継の円滑化に関する法律をいいます。また、「円滑化省令」とは、中小企業における経営の承継の円滑化に関する法律施行規則をいいます。

5　所得税法第147条の規定により承認があったものとみなされる場合の承認を含みます。

6　「一定の建物又は構築物」とは、租税特別措置法施行規則第23条の８の９第２項において準用する同令第23条の８の８第１項に規定する建物又は構築物をいいます。

7　被相続人が１面の(2)の場合は、特定事業用資産に係る事業を行っていた被相続人又は贈与者をいいます。また、事業の用以外の用に供されていた部分があるときは、事業の用に供されていた部分に限ります。

8　特定事業用資産の対象となる一定の減価償却資産には、固定資産税の課税対象とされているもの、自動車税又は軽自動車税において営業用の標準税率が適用されるもの、その他一定のもの（貨物運送用など一定の自動車、乳牛・果樹等の生物、特許権等の無形固定資産）が該当します。詳細は「相続税の申告のしかた」の62ページをご覧ください。

（はじめにお読みください。）
1　このチェックシートは、「個人の事業用資産についての相続税の納税猶予及び免除」（租税特別措置法第70条の6の10）の適用を受けるための提出書類を確認する際に使用してください。
2　このチェックシートは、申告書の作成に際して、この特例の適用を受ける者ごとに提出書類を確認の上、申告書に添付してご提出ください。
3　「個人の事業用資産の贈与者が死亡した場合の相続税の納税猶予及び免除」（租税特別措置法第70条の6の10）の適用を受ける場合には、このチェックシートではなく、「個人の事業用資産の贈与者が死亡した場合の相続税の納税猶予及び免除」のチェックシートを使用してください。

相続人等（特例適用者）　　　　　　　　　　　　　　　　被相続人氏名：

住　所

氏　名
　　　　電話　　　（　　　）

関与税理士	所在地		電話	
	氏名			

(注)担保提供書及び担保関係書類が別途必要となります。

	提出書類	チェック欄
1	**遺言書の写し又は遺産分割協議書の写し並びに相続人全員の印鑑証明書（遺産分割協議書に押印したもの）**	☐
2	円滑化省令第7条第14項の都道府県知事の**認定書**（円滑化省令第6条第16項第8号又は第10号の事由に係るものに限ります。）の写し及び円滑化省令第7条第11項（同条第13項において準用する場合を含みます。）の**申請書**の写し	☐
3	円滑化省令第17条第5項の都道府県知事の**確認書**の写し及び同条第4項の**申請書**の写し	☐
4	特定事業用資産の区分に応じそれぞれ次に定める書類 ⑴　租税特別措置法第70条の6の10第2項第1号ハに掲げる資産（地方税法第341条第4号に規定する償却資産に限ります。） 　　その資産についての地方税法第393条の規定による通知に係る**通知書**の写しその他の書類（同法第341条第14項に規定する償却資産課税台帳に登録をされている次に掲げる事項が記載されたものに限ります。） 　　イ　当該資産の所有者の住所及び氏名 　　ロ　当該資産の所在、種類、数量及び価格	☐
	⑵　租税特別措置法第70条の6の10第2項第1号ニに定める資産（自動車に限ります。）並びに租税特別措置法施行規則第23条の8の8第2項第2号及び第3号に掲げる資産 　　道路運送車両法第58条第1項の規定により交付を受けた**自動車検査証**（相続の開始の日において効力を有するものに限ります。）の**写し**又は地方税法第20条の10の規定により交付を受けたこれらの資産に係る同条の**証明書の写し**その他の書類でこれらの資産が自動車税及び軽自動車税において営業用の標準税率が適用されていること又は租税特別措置法施行規則第23条の8の8第2項第2号若しくは第3号に掲げる資産に該当することを明らかにするもの	☐
	⑶　租税特別措置法施行規則第23条の8の8第2項第1号に掲げる資産（所得税法施行令第6条第9号ロ及びハに掲げる資産に限ります。） 　　当該資産が所在する敷地が耕作の用に供されていることを証する書類	☐
5	被相続人が60歳以上で死亡した場合には、後継者が相続開始の直前において特定事業用資産に係る租税特別措置法第70条の6の10第2項第2号ロに規定する事業に従事していた旨及びその事実の詳細を記載した書類 ※　「個人の事業用資産についての相続税の納税猶予及び免除」の適用要件チェックシートに当該事項について記載してください。	☐

13 継続届出書の提出

Q

相続税の申告後は、何か行うべき手続きはあるのでしょうか？

A

引き続き個人版事業承継税制の適用を受けるためには「継続届出書」に一定の書類を添付して３年ごとに所轄の税務署へ提出する必要があります。なお、「継続届出書」の提出がない場合には、猶予されている相続税の全額と利子税を納付する必要があります。

・・・・・・・・・・・・・・・・・・・・・・ 解　説 ・・・・・・・・・・・・・・・・・・・・・・

　相続税の申告後の継続届出書について、租税特別措置法第70条の６の10第10項において規定されており、その内容は要約すると以下のとおりです。

> 　特例事業相続人等は、相続税申告書の提出期限の翌日から猶予中相続税額に相当する相続税の全部につき納税猶予に係る期限が確定する日までの間に特例相続報告基準日（相続税申告書の提出期限の翌日から３年を経過するごとの日をいう）が存する場合には、届出期限（当該特例相続報告基準日の翌日から３月を経過する日をいう）までに、政令で定めるところにより引き続いて個人版事業承継税制の適用を受けたい旨及び特例事業用資産に係る事業に関する事項を記載した届出書を納税地の所轄税務署長に提出しなければならない。

ここでいう「政令で定めるところにより」は、租税特別措置法施行令第40条の7の10第26項に定められており、その内容を要約すると以下のとおりです。

継続届出書には、引き続いて個人版事業継承税制の運用を受けたい旨及び次に掲げる事項を記載し、かつ、<u>財務省令で定める書類</u>を添付しなければならない。

① 特例事業相続人等の氏名及び住所

② 被相続人から特例事業用資産の取得をした年月日

③ 特例事業用資産に係る事業の所在地

④ 当該届出書を提出する直前の特例相続報告基準日の属する年の前年以前の各年における特例事業用資産にかかる事業所得の総収入金額

⑤ その他<u>財務省令で定める事項</u>

「財務省令で定める書類」は、租税特別措置法施行規則第23条の8の9第15項に定められており、以下のとおりです。

【第15項…財務省令で定める書類】

① 特例相続報告基準日における特例事業用資産である償却資産についての地方税法第393条に基づく価格決定通知書の写しその他の書類

② 特例相続報告基準日の属する年の前年以前3年内の各年における特例事業用資産に係る事業に係る以下の書類

　・当該事業に係る貸借対照表及び損益計算書

　・当該特例事業用資産とその他の資産の内訳を記載した書類で当該特例事業用資産が上記貸借対照表に計上されていることを明らかにするもの

③ その他参考となるべき書類

「財務省令で定める事項」は、租税特別措置法施行規則第23条の8の9第16項に定められており、要約すると以下のとおりです。

【第16項…財務省令で定める事項】

① 特例相続報告基準日（以下、この項において「基準日」という）における猶予中相続税額

② 基準日において特例事業相続人等が有する特例事業用資産の明細及び当該特例事業相続人等に係る被相続人の氏名

③ 特例事業用資産に係る事業（以下、この項において「当該事業」という）に係る次に掲げる事項

  イ 基準日の属する年の前年12月31日における租税特別措置法第70条の6の8第2項第4号に規定する総資産の帳簿価額の総額、特定資産の帳簿価額の総額及び必要経費不算入対価等の額、これらの明細及び同号の割合（＝資産保有型事業に該当するか否かの判定割合）

  ロ 基準日の属する年の前年における租税特別措置法第70条の6の8第2項第5号の総収入金額、運用収入の合計額、これらの明細及び同号の割合（＝資産運用型事業に該当するか否かの判定割合）

  ハ 基準日の直前の特例相続報告基準日の翌日から当該基準日までの間に租税特別措置法施行令第40条の7の10第14項において準用する同施行令第40条の7の8第14項ただし書（＝事業資金の借入等により資産保有型事業の判定割合が70％以上になったこと）又は同施行令第40条の7の10第14項において準用する同施行令第40条の7の8第17項ただし書（＝資金調達のため特定資産を売却したこと等により資産運用型事業の判定割合が75％以上になったこと）に規定する場合に該当することとなった場合には、次に掲げる事項

    ⑴ 同施行令第40条の7の8第14項ただし書又は同施行令第40条の7の8第17項ただし書に規定する事由の詳細及びこれらの事由の生じた年月日

    ⑵ 同施行令第40条の7の8第14項ただし書の割合を70％未満に減少させた事情又は同施行令第40条の7の8第17項ただし書の割合を75％未満に減少させた事情の詳細及びこれらの事情の生じた年月日

④ 基準日の直前の特例相続報告基準日の翌日から当該基準日までの間に特例事業相続人等につき租税特別措置法第70条の6の10第4項の規定により納税の猶予に係る期限が確定した猶予中相続税額がある場合には、同項に該当した旨及び該当した日並びに当該猶予中相続税額及びその計

算の明細

⑤　租税特別措置法第70条の 6 の10第19項の規定（特例事業相続人等について民事再生計画の認可が決定された場合又は中小企業再生支援協議会の支援による再生計画が成立した場合において資産評定が行われたとき）の適用を受けた場合（基準日の直前の特例相続報告基準日の翌日から当該基準日までの間に同条第22項の規定による再計算免除相続税の額の通知があった場合に限る）には、その旨、同条第22項に規定する認可決定日及び同項に規定する再計算免除相続税の額

⑥　その他参考となるべき事項

14 生計一親族等からの贈与（1年基準）

Q

第二種贈与認定個人事業者が個人版事業承継税制の適用を受けるための手続きの流れを教えてください。

A

以下、時系列順に解説します。

・・・・・・・・・・・・・・・・・・ 解　説 ・・・・・・・・・・・・・・・・・・

　第二種贈与認定個人事業者が先代事業者の生計一親族等からの贈与について個人版事業承継税制の適用を受けようとする場合の基本的な手続きについては以下のとおりです（第二種贈与、第二種相続については第Ⅲ章 共通編 25参照）。

❶ 先代事業者からの贈与又は先代事業者の相続の発生に伴う個人事業承継計画の作成

　個人事業承継計画は、平成31年4月1日から令和6年3月31日まで提出することができます。先代事業者からの贈与又は相続後に個人事業承継計画を作成することも可能です。

❷ 先代事業者からの移転後1年以内に贈与

　先代事業者からの贈与又は相続以後に、生計一親族等が先代事業者の事業

の用に供されていた特定事業用資産を贈与（先代事業者からの贈与の日又は相続の開始の日から１年を経過する日までに行われるものに限ります）している必要があります。

３ 都道府県知事への認定申請

第二種贈与申請基準日※から贈与日の属する年の翌年の１月15日までの間に、個人事業承継者の主たる事務所の所在地を管轄する都道府県知事へ認定申請を行う必要があります（本章**第二種贈与編 15**参照）。

※ 「第二種贈与申請基準日」とは、次に掲げる区分に応じ、それぞれに定める日をいいます。
　① 贈与の日が１月１日から10月15日までの場合……10月15日
　② 贈与の日が10月16日から12月31日までの場合
　　　……その贈与の日
　③ 贈与年の５月15日より前に先代事業者又は個人事業承継者の相続が開始した場合
　　　……その相続開始の日の翌日から５月を経過する日

４ 贈与税の申告・担保の提供

贈与日の属する年の翌年３月15日までに、所轄の税務署へ贈与税の申告を行います（都道府県知事の認定書とその他の必要書類の提出が必要です。本章**第二種贈与編 16**参照）。また、納税が猶予される贈与税額及び利子税の額に見合う担保を所轄の税務署に提供する必要があります。

５ 継続届出書の提出

引き続き制度の適用を受けるためには、「継続届出書」に一定の書類を添付して３年ごとに所轄の税務署へ提出する必要があります（本章**第二種贈与編 17**参照）。なお、「継続届出書」の提出がない場合には、猶予されている贈与税の全額と利子税を納付する必要があります。

15 ▷ 都道府県知事への認定申請書類の作成

贈与日の属する年の翌年1月15日までの間に都道府県知事へ提出する認定申請書は、第一種贈与の場合とは異なるのでしょうか？

はい。第一種贈与の場合は「様式第7の5」ですが、第二種贈与の場合、「様式第7の6」を使用します。

■■■■■■■■■■■■■■■ 解　説 ■■■■■■■■■■■■■■■

　認定申請書の様式（様式第7の6）を145頁に掲載します。第Ⅲ章で解説した適用要件、また第一種贈与の様式第7の5（88頁）と見比べながら確認してみてください。

　様式第7の5には存在した「（別紙）先代事業者の特定個人事業資産等について」が、様式第7の6にはありません。これは、第二種贈与により承継される資産については、「資産保有型事業に該当しないこと」や「資産運用型事業に該当しないこと」の要件がないためです。記入項目はかなりシンプルのものであると言えるでしょう。

　認定申請時に提出が必要な書類は下記のとおりです。

①　認定申請書（原本1部、写し1部）

②　贈与契約書の写し及び贈与税額の見込額を記載した書類（贈与税の見

第二種贈与編

込額及び納税猶予見込税額を記載した書類。様式自由であり、贈与税の申告書一式でも可）

③　特定事業用資産の移転に係る認定経営革新等支援機関の確認書及び特定事業用資産の明細

④　生計一親族等及び個人事業承継者の住民票の写し（原本）

⑤　その他、認定の参考となる書類

　　…先代事業者と生計一親族等が同一世帯でない場合（住民票が異なる場合）、当該生計一親族等が先代事業者と生計一の親族である旨を証明する必要があります（様式自由）。また、前年から贈与時までの間の資産及び負債について著しい増減があった場合等には、その年から贈与時までの試算表などの提出を求められることがあります。その他認定の判断ができない場合、参考資料の提出を求められることがあります。

⑥　返信用封筒

様式第 7 の 6

第二種贈与認定個人事業者に係る認定申請書

年　　月　　日

都道府県知事　　殿

郵便番号

住　　所

電話番号

氏　　名　　　　　　　　印

　　中小企業における経営の承継の円滑化に関する法律第 12 条第 1 項の認定（同法施行規則第 6 条第 16 項第 9 号の事由に係るものに限る。）を受けたいので、下記 のとおり申請します。

記

1　第一種認定贈与又は第一種認定相続について

本申請に係る認定にあたり必要な施行規則第 6 条第 16 項第 7 号に係る第一種認定贈与又は同項第 8 号の事由に係る第一種認定相続の有無	□有 （　　　　年　　月　　　日認定） □無 （　　　　年　　月　　　日提出）
当該贈与者（当該被相続人）	
第一種贈与（相続）認定個人事業者	
□当該贈与の日　□当該相続の開始の日	年　　　月　　　日
主たる事業内容	
第二種贈与時における常時使用する従業員数	人

2　贈与者（生計一親族等）及び第二種贈与認定申請個人事業者について

贈与日	年　　　月　　　日
第二種贈与申請基準日	年　　　月　　　日
贈与税申告期限	年　　　月　　　日

	氏名	
贈与者	贈与時の住所	
	贈与時における過去の法第12条第1項の認定（施行規則第6条第16項第7号又は第9号の事由に係るものに限る。）に係る贈与の有無	□有 （　　　年　　　月　　　日） □無
	贈与時（先代事業者が死亡している場合には、先代事業者の相続の開始の直前）における　先代事業者と贈与者との関係	□生計一親族等 □生計一親族等以外
第二種贈与認定申請個人事業者	氏名	
	住所	
	贈与日における年齢及び生年月日	歳 （　　　年　　月　　　日生）
	贈与時における贈与者との関係	□直系卑属 □直系卑属以外の親族 □親族外
	下記の事項についての認定経営革新等支援機関の確認の有無。	□有 （　　　年　　月　　　日確認） □無
	贈与者が有していた、先代事業者が営んでいたその事業に係る特定事業用資産の全て(*1)の贈与を受けていること	
	第二種贈与申請基準日まで、(*1)のうち租税特別措置法第70条の6の8第1項の適用を受けようとする特定事業用資産の全部を有し、かつ自己の事業の用に供している又は供する見込みであること	

(備考)
① 用紙の大きさは、日本工業規格A4とする。
② 記名押印については、署名をする場合、押印を省略することができる。
③ 申請書の写し及び施行規則第7条第12項各号に掲げる書類を添付する。
④ 「施行規則第17条第1項第3号の確認（施行規則第18条第7項又は第8項の変更の確認をした場合には変更後の確認）に係る確認事項」については、当該確認を受けていない場合には、本申請と併せて施行規則第17条第4項に定める書類を添付する。また、施行規則第18条第7項又は第8項に定める変更をし、当該変更後の確認を受けていない場合には、本申請と併せて同条第9項の規定により読み替えられた前条第4項に定める書類を添付する。

16 贈与税の申告・担保提供

第一種贈与の場合、期限内申告と担保提供が適用
要件となっていましたが、第二種贈与の場合も同
じでしょうか？

はい、同じです。贈与日の属する年の翌年3月15日までに、後継者の
住所地を所轄する税務署へ贈与税申告を行う必要があります。その際、
都道府県知事の認定書その他必要書類の添付が必要です。また、納税猶
予される贈与税額及び利子税の額に見合う担保を税務署に提供する必要
があります。

．．．．．．．．．．．．．．．．．．．．．．．．．． 解　説 ．．．．．．．．．．．．．．．．．．．．．．．．．

1 贈与税申告及び担保提供

　第二種贈与についての適用要件の根拠規定となる条文は、第一種贈与の場
合と同一ですので、申告や担保提供に関して求められることも同じです。

　根拠規定は以下のとおりです。

①　期限内申告について

　　・租税特別措置法第70条の6の8第8項

　　・租税特別措置法施行規則第23条の8の8第16項

②　担保提供について

・租税特別措置法第70条の 6 の 8 第 1 項

・租税特別措置法関係通達70の 6 の 8 -10

・租税特別措置法関係通達70の 6 の 8 -11

・国税通則法第50条

・国税通則法施行令第16条

　その内容については、第一種贈与の場合における解説（本章 **贈与編**
5 参照）をご覧ください。

17 継続届出書の提出

第二種贈与についても、個人版事業承継税制の適用を継続するためには継続届出書の提出を求められるのでしょうか？

はい。第一種贈与同様、引き続き個人版事業承継税制の適用を受けるためには「継続届出書」に一定の書類を添付して3年ごとに所轄の税務署へ提出する必要があります。なお、「継続届出書」の提出がない場合には、猶予されている贈与税の全額と利子税を納付する必要があります。

••••••••••••••••••••••••••••••• 解 説 •••••••••••••••••••••••••••••••

　第二種贈与に係る継続届出書のことを定めている条文は、第一種贈与の場合と同一です。その内容については、第一種贈与の場合における解説（本章贈与編 6参照）をご覧ください。

　なお、根拠となる規定は以下のとおりです。

・租税特別措置法第70条の6の8第9項

・租税特別措置法施行令第40条の7の8第28項

・租税特別措置法施行規則第23条の8の8第17項

・租税特別措置法施行規則第23条の8の8第18項

18 生計一親族等からの 相続・遺贈（1年基準）

第二種相続認定個人事業者が個人版事業承継税制
の適用を受けるための手続きの流れを教えてくだ
さい。

A

以下、時系列順に解説します。

━━━━━━━━━━━━━━━━━━━ 解　説 ━━━━━━━━━━━━━━━━━━━

　第二種相続認定個人事業者が先代事業者の生計一親族等からの相続又は遺
贈について個人版事業承継税制の適用を受けようとする場合の基本的な手続
きについては以下のとおりです。

1 先代事業者からの贈与又は先代事業者の相続の発生に伴う個人 事業承継計画の作成

　個人事業承継計画は、平成31年4月1日から令和6年3月31日まで提出す
ることができます。先代事業者からの贈与又は相続後に個人事業承継計画を
作成することも可能です。

❷ 先代事業者からの移転後1年以内に相続（特定事業用資産の相続又は遺贈）

　先代事業者からの贈与の日又は相続開始の日から1年を経過する日までに生計一親族等の相続が開始している場合、その生計一親族等の相続について個人版事業承継税制の適用が可能となります。

❸ 都道府県知事への認定申請

　相続開始の日の翌日から5ヶ月を経過する日（第二種相続申請基準日）から相続開始の日から8ヶ月を経過する日までの間に、個人事業承継者の主たる事務所の所在地を管轄する都道府県庁へ認定申請を行う必要があります（本章第二種相続編 19参照）。

❹ 相続税の申告・担保の提供

　相続の開始があったことを知った日の翌日から10ヶ月以内に、所轄の税務署へ相続税の申告を行います（都道府県知事の認定書とその他の必要書類の提出が必要です）。また、納税が猶予される相続税額及び利子税の額に見合う担保を税務署に提供する必要があります（本章第二種相続編 20参照）。

❺ 継続届出書の提出

　引き続き制度の適用を受けるためには、「継続届出書」に一定の書類を添付して3年ごとに所轄の税務署へ提出する必要があります（本章第二種相続編 21参照）。なお、「継続届出書」の提出がない場合には、猶予されている相続税の全額と利子税を納付する必要があります。

都道府県庁へ提出する認定申請書は、第一種相続
の場合とは異なるのでしょうか？

A

はい。第一種相続の場合は「様式第8の5」ですが、第二種相続の場合、
「様式第8の6」を使用します。

・・・・・・・・・・・・・・・・・・・・・・・・・ **解　説** ・・・・・・・・・・・・・・・・・・・・・・・・・

　認定申請書の様式（様式第8の6）を154頁に掲載します。第Ⅲ章で解説し
た適用要件、また第一種相続の様式第8の5（126頁）と見比べながら確認
してみてください。

　第二種贈与編の様式第7の6同様、様式第8の5には存在した「（別紙）
先代事業者の特定個人事業資産等について」が、様式第8の6にはありませ
ん。これは、第二種相続により承継される資産については、「資産保有型事
業に該当しないこと」や「資産運用型事業に該当しないこと」の要件がない
ためです。記入項目はかなりシンプルのものであると言えるでしょう。

　認定申請時に提出が必要な書類は下記のとおりです。

①　認定申請書（原本1部、写し1部）

②　遺言書又は遺産分割協議書の写し及び相続税額の見込額を記載した書
　　類（相続税の見込額及び納税猶予見込税額を記載した書類、様式自由であり、

相続税申告書第１表、第８の２表及びその付表、第11表でも可）

③　特定事業用資産の移転に係る認定経営革新等支援機関の確認書及び特定事業用資産の明細

④　生計一親族等及び個人事業承継者の住民票の（除票の）写し（原本）

⑤　その他、認定の参考となる書類

　　…先代事業者と生計一親族等が同一世帯でない場合（住民票が異なる場合）、当該生計一親族等が先代事業者と生計一の親族である旨を証明する必要があります（様式自由）。また、前年から相続等の時までの間の資産及び負債について著しい増減があった場合等には、その年から相続等の時までの試算表などの提出を求められることがあります。その他認定の判断ができない場合、参考資料の提出を求められることがあります。

⑥　返信用封筒

第二種相続編

様式第8の6

第二種相続認定個人事業者に係る認定申請書

年　　月　　日

都道府県知事　　殿

郵便番号
住　　所
電話番号
氏　　名　　　　　　　　印

　中小企業における経営の承継の円滑化に関する法律第12条第1項の認定（同法施行規則第6条第16項第10号の事由に係るものに限る。）を受けたいので、下記 のとおり申請します。

記

1　第一種認定贈与又は第一種認定相続について

本申請に係る認定にあたり必要な施行規則第6条第16項第7号の事由に係る第一種認定贈与又は第8号の事由に係る第一種認定相続の有無	□有 （　　　　年　　月　　日認定） □無 （　　　　年　　月　　日提出）
当該贈与者（当該被相続人）	
第一種贈与（相続）認定個人事業者	
□当該贈与の日　□当該相続の開始の日	年　　月　　日
主たる事業内容	
第二種相続時における常時使用する従業員数	人

2　被相続人（生計一親族等）及び第二種相続認定申請個人事業者について

相続開始の日	年　　月　　日
第二種相続申請基準日	年　　月　　日
相続税申告期限	年　　月　　日

被相続人	氏名	
	最後の住所	
	相続開始の直前（先代事業者が死亡している場合には、先代事業者の相続の開始の直前）における先代事業者との関係	□生計一親族等 □生計一親族等以外
第二種相続認定申請個人事業者	氏名	
	住所	
	相続の開始の直前における被相続人との関係	□直系卑属 □直系卑属以外の親族 □親族外
	下記の事項についての認定経営革新等支援機関の確認の有無。	□有 （　　年　　月　　日確認） □無
	被相続人が有していた、先代事業者が営んでいたその事業に係る特定事業用資産の全て(*1)を相続又は遺贈により取得していること	
	第二種相続申請基準日まで、(*1)のうち租税特別措置法70条の6の10第1項の適用を受けようとする特定事業用資産の全部を有し、かつ自己の事業の用に供している又は供する見込みであること	

（備考）
① 用紙の大きさは、日本工業規格 A4 とする。
② 記名押印については、署名をする場合、押印を省略することができる。
③ 申請書の写し及び施行規則第 7 条第 13 項の規定により読み替えられた同条第 11 項各号に掲げる書類を添付する。
④ 「施行規則第 17 条第 1 項第 3 号の確認（施行規則第 18 条第 7 項又は第 8 項の変更の確認をした場合には変更後の確認）に係る確認事項」については、当該確認を受けていない場合には、本申請と併せて施行規則第 17 条第 4 項各号に定める書類を添付する。また、施行規則第 18 条第 7 項又は第 8 項に定める変更をし、当該変更後の確認を受けていない場合には、本申請と併せて同条第 9 項の規定により読み替えられた前条第 4 項に定める書類を添付する。

20 ▶ 相続税の申告・担保提供

Q

第一種相続の場合、期限内申告と担保提供が適用要件となっていましたが、第二種相続の場合も同じでしょうか？

A

はい、同じです。相続開始の日の翌日から 10 ヶ月以内に、後継者の住所地を所轄する税務署へ相続税申告を行う必要があります。その際、都道府県知事の認定書その他必要書類の添付が必要です。また、納税猶予される相続税額及び利子税の額に見合う担保を税務署に提供する必要があります。

•••••••••••••••••••••••••• 解　説 ••••••••••••••••••••••••••

　第二種相続についての適用要件の根拠規定となる条文は、第一種相続の場合と同一ですので、申告や担保提供に関して求められることも同じです。

　根拠規定は以下のとおりです。

① 　期限内申告について

　　・租税特別措置法第70条の 6 の10第 9 項

　　・租税特別措置法施行規則第23条の 8 の 9 第14項

② 　担保提供について

　　・租税特別措置法第70条の 6 の10第 1 項

・租税特別措置法関係通達70の6の10-9

・租税特別措置法関係通達70の6の10-10

・国税通則法第50条

・国税通則法施行令第16条

　その内容については、第一種相続の場合における解説（本章相続編 12 参照）をご覧ください。

21 継続届出書の提出

第二種相続についても、個人版事業承継税制の適用を継続するためには継続届出書の提出を求められるのでしょうか？

はい。第一種相続同様、引き続き個人版事業承継税制の適用を受けるためには「継続届出書」に一定の書類を添付して３年ごとに所轄の税務署へ提出する必要があります。なお、「継続届出書」の提出がない場合には、猶予されている相続税の全額と利子税を納付する必要があります。

■■■■■■■■■■■■■■■■■■■■■■■■■ 解　説 ■■■■■■■■■■■■■■■■■■■■■■■■■

　第二種相続に係る継続届出書のことを定めている条文は、第一種相続の場合と同一です。その内容については、第一種相続の場合における解説（本章相続編 13参照）をご覧ください。

　なお、根拠となる規定は以下のとおりです。

　・租税特別措置法第70条の６の10第10項
　・租税特別措置法施行令第40条の７の10第26項
　・租税特別措置法施行規則第23条の８の９第15項
　・租税特別措置法施行規則第23条の８の９第16項

第 V 章

個人版事業承継税制適用のための検討課題

1 ▶ 担保提供の問題

個人版事業承継税制の適用要件である担保提供に
伴う問題点を教えてください。

法人版事業承継税制との違いをもとに解説します。

································ **解　説** ································

　法人版事業承継税制では、本来国税通則法上の担保として認められていない非上場株式等（法人版事業承継税制の対象となる株式）の担保提供を例外的に認めています。また、この制度の適用を受ける非上場株式等の全てを担保として提供した場合には、納税猶予される税額及び利子税の額に見合う担保の提供があったものとみなされます。担保提供のハードルは比較的低いと言えます。

　一方、個人版事業承継税制においては、第Ⅳ章 贈与編 5 の解説のとおり、動産（減価償却資産）である事業用資産を担保として提供できず、また、法人版事業承継税制のようにみなし規定がないため、納税猶予される税額及び利子税の額と同額の担保を手当てする必要があります。

　クリニックの敷地・建物が第三者からの賃貸物件で、先代経営者が使用していた医療機器の評価額が高い、といったケースの場合、税額を高くしている原因である医療機器そのものは担保提供できず、担保提供の対象となりう

る土地・建物は先代経営者が有しているわけではないので、国債や社債その他の有価証券などを手当てしなければなりません。

　事業承継税制適用の検討においては、猶予される税額シミュレーションや事業の継続性検討がメインテーマとなり、担保提供のような手続き面の論点は後回しにされがちですが、個人版事業承継税制においては担保提供についても事前に綿密なシミュレーションを行い、いざ申告する段階になって「担保が足りなくて適用できない」という事態を避けなければなりません。

個人版事業承継税制の適用後は、3年ごとの継続届
出書提出の管理に気を付ければよいでしょうか？

継続届出書の提出が最も重要なのは間違いありませんが、その他にも気
を付けるべき点は多くあります。

・・・・・・・・・・・・・・・・・・・・・・・ 解　説 ・・・・・・・・・・・・・・・・・・・・・・・

　法人版事業承継税制は、適用後に満たさなければならない要件が多く、ま
た、そのハードルが高いこともあり、制度導入時は実務上使いにくいと言わ
れてきました。その後、数次の税制改正を経て少しずつ要件が緩和され、平
成30年度改正においては10年間の時限立法措置ではありますが、実務上最も
ネックとなっていた「雇用8割確保要件」が実質撤廃された経緯があります。

　個人版事業承継税制においては、個人事業者は一般的には事業者単独ある
いはその親族等の少人数で事業を営んでいる実情を考慮し、雇用確保要件を
設けないこととされています（財務省「令和元年度税制改正の解説」）。

　しかし、個人版事業承継税制の継続適用を確実なものとするためには、継
続届出書を3年ごとに提出すること以外にも気を付けなければならない点が
多くあります。

　個人版事業承継税制を適用してから相当期間が経過した後に、関与税理士

の交代などで、過去に個人版事業承継税制を適用したことがあるという事実が正しく引き継がれなかった場合、以下のような事由に伴う個人版事業承継税制の打ち切りリスクが考えられます。

① 廃業・破産

② 事業が資産保有型事業、資産運用型事業又は性風俗特殊関連営業のいずれかに該当

③ 事業承継税制により承継した事業に係るその年の事業所得の総収入金が零となった

④ 承継した事業用資産の全てが後継者のその年の事業所得に係る青色申告書の貸借対照表に計上されなくなった

⑤ 青色申告承認を取り消される、又は青色申告書の提出をやめる旨の届出を提出する

　法人企業体に比べて、個人事業者はその事業基盤が不安定であることが多く、上記のいずれにおいても法人と比較して該当する可能性は高くなるものと考えられます。また、医師・歯科医師に特有の論点として、いわゆる「医師・歯科医師の概算経費特例 (措法26) が使えるから青色申告しなくていいや」という安易な考えで青色申告を取りやめることで、⑤の打ち切り事由に該当してしまうことも考えられます。

　また、承継した事業を法人成りした場合の個人版事業承継税制の取り扱い (第Ⅲ章 贈与編 13) で解説したとおり、特定申告期限の翌日から5年経過後に承継した特定事業用資産の全てを現物出資して会社を設立し、その会社の株式等を保有し続ける間は、引き続き納税猶予が認められますが、個人版事業承継税制の適用を受けた医師・歯科医師が法人成りして医療法人を設立した場合、現行の医療法の下で設立される医療法人は出資持分のない医療法人であるため、現物出資を行うことができず、打ち切り事由となってしまいます。この点は、財務省「令和元年度税制改正の解説」においても注意喚起されているところです。

この医療法人化に伴う打ち切り問題については、「医療法人化＝引き継いだ事業の運営を継続・成長・安定化させること」と考えれば、個人版事業承継税制の立法趣旨にかなうものであり、法人化特例の要件となっている「承継した特定事業用資産の全てを現物出資して会社を設立し、その会社の株式等を保有し続けること」に代えて、「承継した特定事業用資産の全てを基金拠出して医療法人を設立し、その基金の返還を受けないこと」を要件に個人版事業承継税制の継続適用を認める税制改正が望まれるところです。

　いずれにしても、関与税理士の職責として、法人版事業承継税制と同様、新たに関与した個人事業者に対しては、個人版事業承継税制の適用を受けたことがあるか否かを確認することは今後必須になると言えるでしょう。

3 ▶ 相続時精算課税制度との併用

Q

個人版事業承継税制と相続時精算課税制度とは併用が可能でしょうか？

A

はい、可能です。納税猶予の打ち切りリスクに備えて、相続時精算課税制度との併用も検討すべき事項となります。

・・・・・・・・・・・・・・・・・・・・・ **解　説** ・・・・・・・・・・・・・・・・・・・・・

　贈与税の個人版事業承継税制と相続時精算課税制度が併用可能である旨は、租税特別措置法第70条の6の8第2項第3号ロに規定されています。

　万が一、打ち切り事由に該当してしまった場合、相続時精算課税制度を適用していないと、最大55%の累進税率で計算されている納税猶予額及び利子税を納付することになりますが、相続時精算課税制度を併用していれば、事業用財産の価額がどれだけ高額であっても税率は一律20%です。

　雇用確保要件こそないものの、本章で見てきたように、個人版事業承継税制においても様々な納税猶予打ち切りリスクが存在します。これに備える意味で、相続時精算課税制度併用の検討は実務上必須と言えるでしょう。

4 ▶ 後継者以外の親族への対応

後継者の兄弟姉妹など他に親族がいる場合、気を
付けるべき点を教えてください。

A

民法上の問題と税法上の問題に分けて解説します。

・・・・・・・・・・・・・・・・・・・・・・ 解　説 ・・・・・・・・・・・・・・・・・・・・・・

❶ 民法上の問題─遺留分侵害額請求

　平成30年の民法（相続法）改正により、従来、「遺留分の減殺請求」と呼ばれていたものが「遺留分侵害額の請求（改正民法第1046条…令和元年7月1日以降開始した相続について適用）」と呼ばれるようなり、その請求により生じる権利が金銭債権として位置づけられました。これにより、遺留分侵害額の請求があった場合には、金銭にてその額を支払わなければならなくなります。

　これまでは、遺言において「遺言者の相続人が遺留分減殺請求を行う場合は、その順序を次のとおり指定する。」のような一文を加えることで、受遺者にとって必要ではない遺産を遺留分減殺請求者に、いわば押し付けるような対応が実務上行われることもありましたが、改正後はこういった遺言の文面は無効となります。

　個人版事業承継税制の適用により納税が猶予され、その分のキャッシュフローを引き継いだ事業に使えると思っていた矢先に、他の相続人への遺留分

167

侵害分として金銭の支払いが生じてしまっては、意味がありません。これまで以上に、遺留分を意識した財産承継を考える必要があります。

この点、財務省の令和元年度税制改正の解説においても懸念が示されており、次のような記載があります。

> 中小企業における事業承継を巡る問題は、承継時の税負担のみならず、先代事業者の事業用資産を特定の相続人等に承継させることで、先代事業者の相続時に、他の相続人から遺留分侵害額の請求がされ、後継者に一旦承継された事業用資産が分散し、事業承継に支障を来すといった民法上の問題もあります。
>
> こうした問題に対処するため、法人経営者の事業承継については中小企業における経営の承継の円滑化に関する法律において遺留分の特例措置が講じられているところですが、今般、この法律が改正され、遺留分の特例措置が個人事業者の事業承継にも拡充されることになりました。

紙面の都合上、遺留分の特例措置についての解説は割愛しますが、個人版事業承継税制の適用に携わる税理士としては税法のみならず、この円滑化法の改正内容についてもおさえておきたいところです。

2 税法上の問題

① 小規模宅地等の特例との比較

第Ⅲ章 相続編 24で見てきたとおり、個人版事業承継税制と小規模宅地等の特例は選択適用の関係にあります。相続税の計算構造上、小規模宅地等の特例を後継者が適用した場合、課税価格の総額が減少することによりその恩恵が後継者以外の相続人にも及びますが、個人版事業承継税制を適用した場合、課税価格そのものは減少しませんので、その恩恵は後継者以外の相続人には及びません。地価が高い都心部における相続や、個人版事業承継税制の対象外の財産が多額であり相続税の限界税率が高い場合などにおいては、この影響は無視できないものとなる可能性があります。

②暦年課税で事業用財産をこまめに贈与してきた場合との比較

　個人版事業承継税制の計算構造を簡単な事例で図示すると、このようになります。

【後継者：事業用財産のみ　後継者以外：その他財産　を相続】

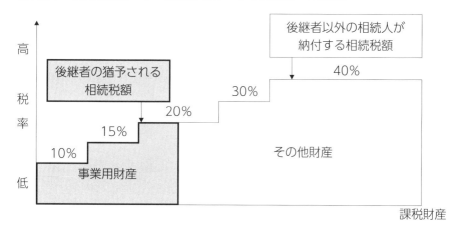

事業用財産をある程度生前贈与しており、相続財産としての事業用財産の価額がもっと低かったなら、非後継者の相続税は…？

　この図から、2つのことが見えてきます。

　1つは、個人版事業承継税制による猶予税額は税率の低い部分（図の左）が対象となり、上澄み部分（図の右）の高い税率が他の財産に適用されるため、限界税率から期待されるほどには猶予税額は多額にならないということです。

　そして、2つ目が、他の相続人への影響です。仮に先代経営者が事業用財産を計画的に何年もかけて生前贈与しており、相続財産として残った事業用財産の価額がもっと低かったなら、非後継者の相続税率はもう少し左側に、すなわち低くなっていたかもしれません。ここまで計算して後継者にクレームを入れる相続人は実務上そう多くはいないと思われますが、事業承継を考

えたときにどうしても後継者にばかりスポットを当ててしまいがちですので、この計算構造のことも頭に入れておく必要があります。

5 ▶ 対象財産の譲渡・廃棄・転用

個人版事業承継税制の適用後において対象となった事業用資産の管理上、気を付けるべき点を教えてください。

対象財産の譲渡・廃棄・転用に留意しなければなりません。

■■■■■■■■■■■■■■■■■■■■ 解　説 ■■■■■■■■■■■■■■■■■■■■

　第Ⅲ章 贈与編 13及び第Ⅲ章 相続編 22で見てきたとおり、個人版事業承継税制の適用対象となっている特定事業用資産が承継した事業の用に供されなくなった場合には、猶予されている税額のうち、その事業の用に供されなくなった部分に対応する税額と利子税を納付することになります。

　また、その事業の用に供されなくなった場合において、その原因によって下記のとおりその後の取り扱いが変わってきます。

❶ 譲　渡

　個人版事業承継税制の対象となった特定事業用資産を譲渡した場合において、その譲渡があった日から１年以内にその対価により新たな事業用資産を取得する見込みであることにつき税務署長の承認を受けたときは、取得に充てられた対価に相当する部分に限り、納税猶予が継続されます。

❷ 廃　棄

　個人版事業承継税制の対象となった特定事業用資産を陳腐化等の事由により廃棄した場合において、税務署にその旨の書類等を提出したときは、納税猶予が継続されます。

❸ 転　用

　原則どおり納税猶予の一部が打ち切り（事業の用に供されなくなった部分に対応する税額と利子税を納付）となります。

　法人版事業承継税制では対象財産が「自社株のみ」であるため、管理そのものはシンプルですが、個人版事業承継税制ではその対象が事業用資産１つ１つであるため、漠然と「この事業をどのように継続するか」ではなく、「事業承継にあたりＡ資産は将来的に廃棄、Ｂ資産は○年後を目途に買換え」のように、より具体的に事業承継のストーリーを事前に描いておき、１つ１つの資産が将来、上記の「譲渡・廃棄・転用」のどれに該当するのかもある程度シミュレーションする必要があります。

　また、上記❶及び❷については、実務上、下記のような点も留意しなければなりません。

【譲渡の場合…税務署長の承認手続きに伴う機動性の喪失】
　上記の税務署長の承認については、租税特別措置法施行令において「譲渡があった日から１ヶ月以内に提出」しなければならず、「提出日から１ヶ月以内に当該申請の承認又は却下の処分がなかったときは、当該申請の承認があったものとみなす」旨、規定されていることから、最大で２ヶ月間承認を待つことになります。このことによる経営上の機動性の喪失は、対象資産の事業における役割が大きい場合、無視できないものとなります。

　この点については、対象資産の譲渡前の事前申請を認めるなど、経営上の

機動性に配慮した施行令の改正が待たれるところです。

　なお、租税特別措置法関係通達70の6の8-38及び70の6の10-33において、期限までに申請書の提出がなかった場合の宥恕規定は設けられていない旨、明示されていますので注意が必要です。

【廃棄の場合…関与税理士など個人版事業承継税制の手続き管理者に廃棄の
　事実を"適時に"伝達する仕組みづくり】
　実務上、固定資産の処分費用支払いなどの資金移動を伴わない固定資産の廃棄については、その事実が経理担当者に伝わらず、数年後になって廃棄の事実が判明する、といったことも中小零細企業においては少なからず生じているようです。これでは、租税特別措置法施行令で定められている要件「廃棄から2月以内に税務署長への書類の提出」を満たすことはできません。

　なお、租税特別措置法関係通達70の6の8-36及び70の6の10-31において、期限までに届出書の提出がなかった場合の宥恕規定は設けられていない旨、明示されていますので注意が必要です。

　また、租税特別措置法施行令にいう「陳腐化、腐食、損耗その他これらに準ずる事由」がどの程度のものを指すのか、通達にも記載がないため、今後の実務上の事例集積に注目する必要があります。

6 ▶ 医療法人設立時の問題

Q

個人版事業承継税制により納税猶予を受けている医院の院長が医療法人を設立したときの取り扱いを教えてください。

納税猶予の期限確定事由に該当する可能性があり、その時点での猶予税額及びこれに対応する利子税を支払わなければならないと考えられます。

------------------------------ 解 説 ------------------------------

　租税特別措置法第70条の6の8第6項及び同法第70条の6の10第6項では、贈与税及び相続税の納税猶予の対象となっている財産を会社の設立のために現物出資した場合の取り扱いが規定されています。これによると、会社の設立のための現物出資については一定の要件を満たすことにより、引き続き納税猶予が継続することが定められています。

　しかし、医療法人は会社法に定める「会社」には該当しないことから、この条項の適用外であると考えられます。また、これ以外に医療法人の設立にあたり現物を拠出した際の条項は規定されていないため、医療法人の設立に伴い特定事業用資産を現物拠出した時点で、猶予期限が確定し、猶予税額及びこれに対応する利子税の納付が必要となると考えられます。

個人版事業承継税制の適用にあたっては、将来の医療法人成りの可能性も
含めて検討をする必要があります。

参考資料

事業承継税制 各都道府県の認定申請書提出窓口・問い合わせ先

（平成 31 年 4 月現在）

都道府県名	部署名	電話番号
郵便番号	住所	
北海道	経済部地域経済局　中小企業課	011-204-5331
〒060-8588	北海道札幌市中央区北 3 条西 6 丁目	
青森県	商工労働部　地域産業課　創業支援グループ	017-734-9374
〒030-8570	青森県青森市長島 1 丁目 1 番 1 号	
岩手県	商工労働観光部　経営支援課	019-629-5544
〒020-8570	岩手県盛岡市内丸 10 番 1 号	
宮城県	経済商工観光部　中小企業支援室	022-211-2742
〒980-8570	宮城県仙台市青葉区本町 3 丁目 8 番 1 号	
秋田県	産業労働部　産業政策課	018-860-2215
〒010-8572	秋田県秋田市山王 3 丁目 1 番 1 号	
山形県	商工労働部　中小企業振興課	023-630-2359
〒990-8570	山形県山形市松波 2 丁目 8 番 1 号	
福島県	商工労働部　経営金融課	024-521-7288
〒960-8670	福島県福島市杉妻町 2 番 16 号	
茨城県	産業戦略部　中小企業課	029-301-3560
〒310-8555	茨城県水戸市笠原町 978 番 6	
栃木県	産業労働観光部　経営支援課	028-623-3173
〒320-8501	栃木県宇都宮市塙田 1 丁目 1 番 20 号	
群馬県	産業経済部　商政課	027-226-3339
〒371-8570	群馬県前橋市大手町 1 丁目 1 番 1 号	
埼玉県	産業労働部　産業支援課	048-830-3910
〒330-9301	埼玉県さいたま市浦和区高砂 3 丁目 15 番 1 号	
千葉県	商工労働部　経営支援課	043-223-2712
〒260-8667	千葉県千葉市中央区市場町 1 番 1 号	

（出所）https://www.chusho.meti.go.jp/zaimu/shoukei/2019/190401shoukeizeiseimadoguchi.pdf

都道府県名	部署名	電話番号
郵便番号	住所	
東京都	産業労働局　商工部　経営支援課	03-5320-4785
〒163-8001	東京都新宿区西新宿2丁目8番1号	
神奈川県	産業労働局　中小企業部　中小企業支援課 （かながわ中小企業成長支援ステーション）	046-235-5620
〒243-0435	神奈川県海老名市下今泉705番地1 県立産業技術総合研究所2階	
新潟県	産業労働部　創業・経営支援課	025-280-5240
〒950-8570	新潟県新潟市中央区新光町4番地1	
富山県	商工労働部　経営支援課	076-444-3248
〒930-8501	富山県富山市新総曲輪1番7号	
石川県	商工労働部　経営支援課	076-225-1522
〒920-8580	石川県金沢市鞍月1丁目1番地	
山梨県	産業労働部　企業立地・支援課	055-223-1541
〒400-8501	山梨県甲府市丸の内1丁目6番1号	
長野県	産業労働部　産業立地・経営支援課	026-235-7195
〒380-8570	長野県長野市大字南長野字幅下692番2号	
岐阜県	商工労働部　商業・金融課	058-272-8389
〒500-8570	岐阜県岐阜市薮田南2丁目1番1号	
静岡県	経済産業部　商工業局　経営支援課	054-221-2807
〒420-8601	静岡県静岡市葵区追手町9番6号	
愛知県	経済産業局　中小企業部　中小企業金融課	052-954-6332
〒460-8501	愛知県名古屋市中区三の丸3丁目1番2号	
三重県	雇用経済部　中小企業・サービス産業振興課	059-224-2447
〒514-8570	三重県津市広明町13番地	
福井県	産業労働部産業政策課（建設業、商業、サービス業等） 産業労働部地域産業・技術振興課（製造業等）	0776-20-0367 0776-20-0370
〒910-8580	福井県福井市大手3丁目17番1号	
滋賀県	商工観光労働部　中小企業支援課	077-528-3732
〒520-8577	滋賀県大津市京町4丁目1番1号	

都道府県名	部署名	電話番号
郵便番号	住所	
京都府	商工労働観光部　ものづくり振興課	075-414-4851
〒602-8570	京都府京都市上京区下立売通新町西入薮ノ内町	
大阪府	商工労働部　中小企業支援室　経営支援課	06-6210-9490
〒559-8555	大阪市住之江区南港北1丁目14番16号 咲洲庁舎25階	
兵庫県	産業労働部　産業振興局　経営商業課	078-362-3313
〒650-8567	兵庫県神戸市中央区下山手通5丁目10番1号	
奈良県	産業振興総合センター　創業・経営支援部 経営支援課	0742-33-0817
〒630-8031	奈良県奈良市柏木町129番地1号	
和歌山県	商工観光労働部　商工労働政策局　商工振興課	073-441-2740
〒640-8585	和歌山県和歌山市小松原通1丁目1番	
鳥取県	商工労働部　企業支援課	0857-26-7453
〒680-8570	鳥取県鳥取市東町1丁目220番地	
島根県	商工労働部　中小企業課	0852-22-5288
〒690-8501	島根県松江市殿町1番地	
岡山県	産業労働部　経営支援課	086-226-7353
〒700-8570	岡山県岡山市北区内山下2丁目4番6号	
広島県	商工労働局　経営革新課	082-513-3370
〒730-8511	広島県広島市中区基町10番52号	
山口県	商工労働部　経営金融課	083-933-3180
〒753-8501	山口県山口市滝町1番1号	
徳島県	商工労働観光部　商工政策課	088-621-2322
〒770-8570	徳島県徳島市万代町1丁目1番地	
香川県	商工労働部　経営支援課	087-832-3345
〒760-8570	香川県高松市番町四丁目1番10号	
愛媛県	経済労働部　産業支援局経営支援課	089-912-2480
〒790-8570	愛媛県松山市一番町4丁目4番2号	
高知県	商工労働部　経営支援課	088-823-9697
〒780-8570	高知県高知市丸ノ内1丁目2番20号	

都道府県名	部署名	電話番号
郵便番号	住所	
福岡県	商工部　中小企業振興課	092-643-3425
〒812-8577	福岡県福岡市博多区東公園7番7号	
佐賀県	産業労働部　経営支援課	0952-25-7182
〒840-8570	佐賀県佐賀市城内1丁目1番59号	
長崎県	産業労働部　経営支援課	095-895-2616
〒850-8570	長崎県長崎市尾上町3番1号	
熊本県	商工観光労働部　商工労働局　商工振興金融課 (製造業以外) 商工観光労働部　新産業振興局　産業支援課 (製造業)	096-333-2316 096-333-2319
〒862-8570	熊本県熊本市中央区水前寺6丁目18番1号	
大分県	商工労働部　経営創造・金融課	097-506-3226
〒870-8501	大分県大分市大手町3丁目1番1号	
宮崎県	商工観光労働部　商工政策課　経営金融支援室	0985-26-7097
〒880-8501	宮崎県宮崎市橘通東2丁目10番1号	
鹿児島県	商工労働水産部　経営金融課	099-286-2944
〒890-8577	鹿児島県鹿児島市鴨池新町10番1号	
沖縄県	商工労働部　中小企業支援課	098-866-2343
〒900-8570	沖縄県那覇市泉崎1丁目2番2号	

著者紹介 ─────────────────────────────────

税理士法人赤津総合会計
中小企業税務全般、特に医療法人や個人診療所の税務・経営指導を中心として活動する税理士法人。
また、相続税務に関する相談ニーズの高まりに応えるべく、相談窓口「相続サポートセンターとちぎ」を開設し、多くの地域住民からの相談に日々対応する。

赤津 光宏（あかつ・みつひろ）
税理士・社会保険労務士
栃木県出身　横浜国立大学経済学部卒業
赤津会計事務所（現税理士法人赤津総合会計）入所後、税理士法人赤津総合会計代表社員就任

赤津 剛史（あかつ・たけし）
税理士・医業経営コンサルタント
栃木県出身　明治大学商学部卒業
東日本税理士法人を経て、税理士法人赤津総合会計代表社員就任

しんりょうじょ　しかいいん
診療所・歯科医院のための

こじんばんじぎょうしょうけいぜいせい　てきよう
個人版事業承継税制 適用ガイド

2020年1月31日　発行

著　者　　赤津 光宏／赤津 剛史 ©
　　　　　あかつ みつひろ　あかつ たけし

発行者　　小泉 定裕

発行所　　株式会社 清文社
　　　　　　　　　東京都千代田区内神田1－6－6（MIFビル）
　　　　　　　　　〒101-0047　電話 03（6273）7946　FAX 03（3518）0299
　　　　　　　　　大阪市北区天神橋2丁目北2－6（大和南森町ビル）
　　　　　　　　　〒530-0041　電話 06（6135）4050　FAX 06（6135）4059
　　　　　　　　　URL http://www.skattsei.co.jp/

印刷：大村印刷㈱

ISBN978-4-433-62779-9